一頁 folio

始于一页，抵达世界

論法治與德治

对中国法律现代化运动的内在观察

梁治平 [著]

九州出版社
JIUZHOUPRESS

目录

法律的信和信仰（代序）   i

论法治与德治   001
—— 对当代中国法治运动的一个内在观察

上篇   中国特色社会主义法治如何可能？   003

一   法治运动之发展阶段   006

二   何为"中国特色社会主义法治"？   013

三   为什么需要中国特色社会主义法治？   017

四   中国特色社会主义法治如何可能？   024

下篇   文明史视野中的德治和法治   031

一   德治   033

二   法治   037

三   礼法秩序的解体   043

四   既往治理模式   046

五   当代德治的三个主题   051

六   文明三波   060

法治：社会转型时期的制度建构 083
—— 对中国法律现代化运动的一个内在观察

一	"法治"，一种新的意识形态？	085
	"内在视角"	088
二	法治的两种概念	091
	实质性的法治概念	093
	程序性的法治概念	096
	本文采用的分析性概念	100
三	移植的法治？	103
	清末的法律改革	105
	历史的断裂与重续	110
四	传统与现代性	115
	作为一种规则体系的法律	116
	传统的延续和演变	118
	文化变迁	124
五	国家悖论	126
	法律为国家所用	128
	引入社会之维	131
六	法治的正当性	137
	民主的法治	142
	法治的民主	145
七	结语：社会转型与文化重建	150

从礼治到法治 169

走出名义法治的困境 195

申冤与维权 209
—— 在"传统"与"现代"之间建构法治秩序

立法何为? 229
—— 对《劳动合同法》的几点观察

在中国,法律是什么? 251
—— 以《劳动合同法》为中心展开

法律的信和信仰(代序)

去年(2015年)的某日,忽然收到一位年轻学者发来的微信,附有截图一张。截图取自《读书》上熊秉元教授的一篇文章,内容是对几位译者的批评,我的名字也在其中。不过,朋友微信的意思却是要道贺,因为熊教授在指名批评了三位译者之后,笔锋一转说,与前面三位译者不同,梁治平的翻译有"化平凡为神奇"之效,妙笔生花,影响也更大。这不是褒奖吗?熊教授提到的我的译文,便是那个业已变成流行语的句子:"法律必须被信仰,否则它将形同虚设"(熊文引作"法律必须被信仰,否则形同虚设"),语出拙译伯尔曼的《法律与宗教》[1]。截图文字有限,熊文都说了些什么,不能尽知。但我知道,熊教授对这句译文一直不以为然,他举此例,自然是批评了。

又数月,清理书刊时,不经意翻到《读书》2014年7月号,在"读书献疑"一栏看到熊教授的这篇文章,题目是《把书读对》,而熊文引用拙译,正是他认为把书读错了的例子。所谓

"化平凡为神奇""译者的生花妙笔"云云，不过是批评之前的铺垫。不仅如此，拙译还是熊文批评的重点，相比之下，另外三位没能"把书读对"的译者，倒像是"陪绑"，被拉出来草草地过了一下堂。

熊文对拙译的批评就是那句"法律必须被信仰"。在熊教授看来，伯尔曼原书的文字，Law has to be believed in, or it will not work，"其实很平常普通"，"意思只是：人们要相信法律，否则法律发挥不了作用"。"中文译本把法律和信仰放在一起，却有可议之处。"可议之处在哪里呢？上面说的原文用语"很平常普通"勉强算是一条。"这句话的背景，要更为重要。"熊文指出，伯尔曼说这话的时候，美国社会正陷入各种反战、反社会、反体制运动，面对此种情形，"伯尔曼苦口婆心，希望挽救体制于既倾"。此外，"可议之处"还与译者译书的"背景"有关。依熊文的说法，"文化大革命"十年，秩序瓦解，法纪荡然，改革开放后，人们吁求法治，期冀合于公义的法治能得到民众的支持，这种普遍存在的"幽微意识"投射到译者的译事活动中，就促成了"化平凡为神奇"的译文，也成就了大陆法学界这句经久不衰的流行语。

熊教授的说法有点道理吗？

既然要求"把书读对"，那我们还是先读书吧。

首先，英文短语 believe in 译作"相信"没有问题，但译作"信仰"就错了吗？believe in 一词，同时具有相信、信任、信赖、信奉和信仰之义。所以，笼统地问 believe in 应当译作"信仰"还是"相信"没有意义。伯尔曼这句话里面的 believe in 是否有信仰之义，译作"信仰"算不算错，才是关键。熊教授对中译本把"法律和信仰放在一起"不以为然，他认为 believe in 在这里的意思就是"相信"，与"信仰"无关。这种理解确实"很平常普通"，但那是原文的确切意思吗？它恰如其分地传达出了作者要表达的思想吗？回答这个问题，只说"伯尔曼的这句话其实很平常普通"没有用，而要看这句话在上下文里的意思。上下文可小可大，小到一个段落，一个章节；大到一本书，一个人的思想，一个时代。我们从小处说起。

伯尔曼这句话出自该书"导言"。作者在"导言"里交代了自己的主要思想，并说明了全书的篇章结构。伯尔曼认为，法律和宗教固然不同，但又密切关联。没有宗教的法律，会退化为机械的法条主义；没有法律的宗教，会丧失其社会有效性。在他看来，当时（1970 年前后）美国社会的种种乱象，从现行体制和权威的衰微，到各种激进的政治、文化和社会运动，其实都根源于一点，那就是，流行的法律概念和宗教概念变得过分狭隘，二者之间的纽带因此而断裂。他认为，其实，所有的文化（里），无分古今，法律和宗教都共享仪式、传统、权威和普遍性这几个要素。现代人眼中，法律不过是一套世俗的、理性的和功利的制度，但若深入法律的实践，人们就会发现，神圣性的符号（symbols of the sanctity）浸润其中。说到底，法律不仅关涉人的理性和意志，而且包含人的情感（emotions）、直觉（intuitions）、献身（commitments）和信仰（faith）。于是就有了这句话：Law has to be believed in, or it will not work。"把法律和信仰放在一起"的，难道不正是伯尔曼本人？《法律与宗教》面世二十年后（1993年），伯尔曼出版了一部篇幅超过400页的论文集，书名干脆就是《信仰与秩序：法律与宗教的复合》（*Faith and Order: Reconciliation of Law and Religion*）。书中所收文章，尽管涉及的领域和问题不同，却都是围绕着这样一个基本论断展开的："一个社会的法律秩序，即调整社会的形式法律制度、结构、规则和程序，本质上与关于生命根本意义和历史终极目的的基本信仰，也就是宗教信仰，紧密相连。"

法律与宗教的关联、互渗和互动，是这本小书的唯一主题。熊教授不赞成"把法律与信仰放在一起"，却也不得不承认，"伯尔曼像是法学界的传教士，念兹在兹，希望能补缀和重砌法律与宗教之间的连接"。只是，熊教授并不打算循此进入伯尔曼的思想，而是将之归入"另外一个层次"，一笔带过。据熊教授看，伯尔曼说"这句话"的"背景""更为重要"，而这个"背景"跟信仰没有关系：当时的人，"尤其是年轻的一代，对法律秩序抱着嘲讽讪笑的态度。在这种背景之下，伯尔曼苦口婆心，（要求人们相信法律）希望挽救体制于既倾"。我不能不说，熊教授又一次把书读错了，而且错得很严重。简单说，伯尔曼写作此书的目的，根本不是要挽救当下的"体制"。因为在他看来，这种体制正在死去，而认定法律与宗教无关，正是这种体制的认识论基础，其根源，则是已经支配西方世界数百年的二元思维模式。对伯尔曼来说，克服这种二元思维模式，融合法律与宗教的价值，才是未来希望所在。我们必须承认，讲出这番话的人，是这个时代的异数，这样的见解，也实在是不同寻常。相反，熊教授的看法倒是"很平常普通"，只不过，这种流行的观念，还有它所代表的知识传统，恰好是伯尔曼认为需要克服和超越的那类。熊教授错解伯尔曼其人其书，固然颇具讽刺意味，其实也很自然。

拙译面世后流传甚广，"法律必须被信仰"一句尤其流行。但在熊教授看来，"大陆法学界的共鸣，与其说是呼应伯尔曼，不如说是反映了某种普遍存在的'幽微意识'"。熊教授据此进一步推论，错误的译文（可能）"反映了译者和众多法律界的学者和学子，对法律的认知或期望"。这种批评像是诛心之论，而且粗疏专断，不得要领。且不论"大陆法学界的共鸣"如何，译者对原著理解的对与错，与"大陆法学界"何干？坦白讲，译者译书之际，力图忠实传达原书意旨，别无他想。当然，这或不能避免熊教授所说的"无心之过"，但要证明译者有"无心之过"，批评者也须先就书论书，加以论证。熊教授抛开文本，顾左右而言"背景"，既不能证明译文"之过"，标举所谓"幽微意识""大陆法学界"等等,实与译者、译文不相干,可勿论矣。

熊文未能如它所要求的那样"把书读对",已如上述。不过,熊文涉及的问题,对于我们说明伯尔曼思想的主旨,进而更一般地思考法律与宗教诸问题,却不失为可以利用的契机。比如,熊文提到拙译的流行这一现象,就很值得研究。熊文引述的一篇文章说,"法律必须被信仰"云云,乃是大陆法学界最著名的一句话。这大概不是夸张之辞。同样,说这是中国数十年来法律译著中被引用得最多的一句话,应该也无大误。实际上,看到这句话的流行程度,以及它被如此随意引用的情况(就连专门批评拙译的熊教授也未能完整引用),我常常怀疑,那些引用这句话的人,究竟有多少真的读过这本书。这种现象包含了太多有意思的东西,耐人寻味。熊文提及这一现象,而归之于所谓"幽微意识",虽无论证,且失之简单化,也聊备一说。前两年,拙译被列入商务印书馆《汉译世界学术名著丛书》出版,这也可以视为是对伯尔曼这本小书的重要性的认可,而这种重要性,更多是同作为读者的中国人的生命经验有关。换言之,研究上述现象,其实就是要了解过去几十年中国人的经验、意识、认知和追求。因此,我非常希望,将来有人认真反思这一现象,作出像样的文章来,那对于学界必定是一个贡献。

关于法律与宗教的关系,熊文也有一段引申:"西方文明里，宗教和法律密不可分；在华人文化里，却并没有这种传统。华人文化里法律和政治紧密结合，法律和宗教却几乎是各行其是的两个体系。既没有宗教的传统，而希望'法律必须被信仰'，近乎缘木求鱼。"这段话紧接在对拙译的分析之后，似乎是在暗示，译者"把法律和信仰放在一起"，是想在华人文化里促成对法律的信仰。这种暗示（如果有的话）全无根据。Law has to be believed in, or it will not work 属事实陈述，不涉"希望"。同样，中译文"法律必须被信仰，否则它将形同虚设"，无论对错，也与"希望"（无论是谁的希望）无关。不过，熊文关于华人文化里法律与宗教关系的说法，却代表了一种流行的偏见，这种偏见，放在熊文自己设定的背景里，可以从两个方面来讨论。

第一个方面与熊文谈论的这本书有关。照前引伯尔曼的看法，法律与宗教共享四要素，关系密切。人类学家研究的部落社会如此，现今高度发达社会的法律制度如美国的也是如此。基于他采取的人类学视角，华人文化也不应该例外。这里要补充说明一点：伯尔曼批评"过分狭隘"的法律概念和宗教概念，他自己则是在"最广泛的意义上"谈论法律和宗教，"即把法律视为社会中分配权利和义务的结构与程序，把宗教视为社会对于终极意义和生活目的的直觉和笃信"。在这样的视野下去看华人文化里的法律与宗教，会有什么样的发现？这个问题与历史有关，也是熊文看法涉及的第二个方面。

中国与西方的法律传统不同,这一点毋庸置疑。但是不是"华人文化里法律和政治紧密结合",法律和宗教却各行其是,更谈不上对法律的信仰呢?如果我们讲的"华人文化里的法律"也包括礼和礼教;如果我们所谓的法律在官府的法之外还包括形态多样的民间法;如果我们谈论的法律不只是人间的,也包含阴世的(阴律);如果法律的文本除了律典之类,还有善书宝卷、笔记小说、功过格等;那法律与宗教岂止是有关,简直是关系密切呢。因此,尽管其具体形态和表现方式大不同,"华人文化里的法律",也如"西方文明里的法律"一样,可以浸润了"神圣性的符号",可以同"终极意义和生活的目的"相关,可以唤起人们的情感与信仰。

说到信仰,不妨再回到伯尔曼,以检视拙译的妥当性。毕竟,诗无达诂,即使文义理解无误,如何表达最为恰当,总是有推敲余地。伯尔曼思想中最重要也最可注意的,便是他在此"祛魅"已久的时代,强调法律与宗教、秩序与信仰的内在联系,重新揭示出法律所固有的宗教属性。把 Law has to be believed in 一句中的 believe in 译为"信仰",就是为了传达作者的这层意思。不过,译 believe in 为信仰,取义或较强,has to 译为"必须"语气似略重,中译文照原文结构采用被动语态,也显得有点生硬,这些问题如何处理最为妥当,都可以再加斟酌。比如,改"必须"为"须要",意思不变,但是语气有所缓和,语意也更贴合原意。还有 believe in 这个词,不译为"信仰",换了别的词如何?信、相信、信任、信赖、信奉、信靠,等等,这些词,但凡能准确传达原作意思,有何不可?熊教授的译文:"人们要相信法律",错不在"相信"二字,而在他要"化神奇为平凡",以此"很平常普通"之词,为法律"祛魅",涤清包含其中的"神性",把法律与信仰打成两截。而这,与作者力求表达的意思适相反对。

那么,单字"信"如何?"信"之义宽泛而平易,却颇能表达伯尔曼不同凡俗之"特见"。基督教义的核心,信望爱,信居其首。这里,信是信仰,是相信,是信心;信的对象则是神,是上帝,是耶稣基督,是与神有关的神圣之物。只是,若比较"信神""信徒"一类常见的语词搭配,现代汉语中,如果不是例外情况,"信法"却不是一种符合汉语表达习惯的说法。这部分是因为,信系古字,我们如今习用的相信、信任、信仰诸词,义均出于此,代表了"信"的诸现代义项。因此,若非使用半文言的表达式样,如谓"法律须为人所信方始有效",恐怕还是先考虑后面那些新词较好。虽然如此,关于"信"这个字,我们倒不妨多说几句。

"信",《说文》释为"诚",《广雅·释诂》释为"敬"。诚与敬,均为古代儒家推重的观念和价值。儒家五常,仁、义、礼、智、信,信居其一。不过,古时并非只有儒家言信,法家对信也甚为推崇。而且,法家所看重的信,同法有直接的关系。在法家眼中,法无信而不立,不如说,信是法律必备的品质。商鞅相秦，变法改制，"令既具，未布，恐民之不信己，乃立三丈之木於国都市南门，募民有能徙置北门者予十金。民怪之，莫敢徙。复曰'能徙者予五十金'。有一人徙之，辄予五十金，以明不欺。卒下令"。(《史记·商君列传》)太史公的这段记述，生动揭示了法家"信"的观念，以及信与法的联系。这段故事里，"恐民之不信"指向"民"，"以明不欺"指向"君"；前者要求民众相信法律，后者要求君主谨守法律；而公示的法律本身，就是君、民之间的信物。法者，天下共信之物。这种观念，直至清末立法之时依然流行。这是法家的贡献。那么，法家的信跟儒家的信有没有不同？儒家言信是不是跟法律就没有关系呢？

表面上看，法家思想与我们讨论的法律与信仰问题相关，儒家则否。实际的情形却未必是这样。韩非子说："赏罚不信，则禁令不行。"这里的"信"有两层意思，直接的意思指法律的真实可靠性；间接的意思就是"相信"，即人们基于对法的这种客观品质的了解而产生的主观心理。换了熊教授的话就是："人们要相信法律，否则法律发挥不了作用。"只不过，法家强调的"信"，也像熊教授说的"相信"一样，同信仰没有关系。法家注重的是对行为的控制，只要行为符合法律的要求，动机则不必论。但信仰恰恰是一种内心确认，一种信其为正当的意志，常常伴随对信的对象欲加追随、捍卫和奉献的强烈情感。儒家强调的诚、敬、慎等，就包含了这类情愫。但是，儒家似乎既不重视法，更没有把诚、敬和具有这种含义的信跟法律联系在一起——这又是一个错误的认识。造成这种认识的一个重要原因，是人们在谈论法的时候，没有把德、礼、义、理等考虑在内。孔子有言："道之以政，齐之以刑，民免而无耻。道之以德，齐之以礼，有耻且格。"这段话常常被人引用来证明儒家排斥法律的态度。然而，若我们也像伯尔曼（以及许多人类学家和社会学家）一样，采取较为宽泛的法律定义，德与礼又何尝不是法。实际上，历史上有法出于礼的过程，也有礼入于法的过程。礼与法，有分，有合，有重叠，也有互动和互渗。汉人奉《春秋》为致治之法，援经义以决狱，正是要辨明是非，惩恶扬善，解决秦法"诛名而不察实，为善者不必免，而犯恶者未必刑也"（董仲舒语）的问题。东汉经学大师马融、郑玄等不但注经，而且注律，其法律章句洋洋大观，影响深远。明人王樵，既是经学家，又是律学家，他对《大明律》的注释，就完全遵循"先儒释经"的体例。而作为一名刑部官员，他"治律令，如士人治本经"（《读律私笺》）。清人朱橒干脆说："夫律例，本乎圣经，发为政教"（《粤东成案初编》)，而把法律的基本特性一一追溯到儒家经典《诗》《书》《易》《礼》《春秋》。法律要助成教化，就须要贯彻儒家经义。这也要求官员在实施法律时，以仁为本，不失哀矜恻怛之心。古人论法之修立和运用，经常用当、中、仁、德、生、全、矜、恤、戒、惧、怛、慎、敬等词，原因就在这里。总之，因为受儒家义理和规则的支配，过去"华人文化里的法律"所要求和唤起的，就不只是人行为上的服从，还有人发自内心的认同，这种认同，通常伴以强烈的规范意识，以及古人称之为诚敬、敬慎的态度和情愫。这些，不就是我们谈论的法律与信仰问题吗？

有意思的是，涉及法与信的这两种传统，并没有随着传统帝制的终结而消失，而是以某种曲折方式，被编织进当下的政法话语。我们可以提及和比较新旧两种官方表述。一个是大家都很熟悉的说法："有法可依，有法必依，执法必严，违法必究"（《中国共产党第十一届中央委员会第三次全体会议公报》）。另一个是下面这句话："法律的权威源自人民的内心拥护和真诚信仰"（《中共中央关于全面推进依法治国若干重大问题的决定》）。前一种说法不含（至少是不必含）信仰成分，颇具法家特点；而后一种说法诉诸人的内心拥护和信仰，而近乎儒家传统。只不过，后面这种说法和认识也可能有其他渊源，而且，它同儒家思想的联系也不是一望即知。

对许多中国读者来说，看到"法律的权威源自人民的内心拥护和真诚信仰"这种说法，很容易联想到"法律必须被信仰"那句流行语，甚而视之为前者的出处。想到这句话流行和被接受的程度，这种联想和推测并非无端。不过，即令没有对伯尔曼思想的引介，许多法治理论家也已指出，现代法治的确立有赖于人们对法治坚定不移的信念。比如戴雪和哈耶克都注意到，至少根据英国经验，最终有效约束立法者的，并非某种法律，而是社会共同体对作为一种政治理想的法治的共同信念和承诺。这些，或者是前述认识和表达的另一个"出处"。至于其第三个"出处"，即儒家思想和传统，既非一般人所易见，也非人们所愿意承认，除非他们业已认识到，在我们所讨论的法律与信仰问题上，儒家有其贡献和传统。但是，无论人们（包括文件的起草者）是否意识到这一点，这一"出处"的存在应无疑问。要说明这一点，我们还可以提到另一个重要的儒家思想范畴，那就是"德治"。众所周知，德治是儒家政治理论的核心，儒家对人内心世界的关注，儒家在法律与信仰问题上的努力，都源于此。如今，主政者提出法律与信仰主题，同样是在"德治"的框架里展开。官方的说法是："国家和社会治理需要法律和道德共同发挥作用。"所以要"既重视发挥法律的规范作用，又重视发挥道德的教化作用……实现法律和道德相辅相成、法治和德治相得益彰"。不过，这些提法在印证中共法律与信仰说的儒家"出处"的同时，也提出了一些问题。比如，辛亥百年之后，中国社会业已经历了巨大转变，在新的社会条件下，重提德治究竟为何？而且，今日所谓德治，与古人实行的德治有何异同？主张德治与法治并重，到底意味着什么？

要回答这些问题，有必要回顾和检讨儒法斗争史，以获取历史的观照，但这需要许多篇幅，远不是眼下这篇小文所能够容纳的。这里只能简单说几点。

第一点,法律与宗教,信仰与秩序,这类问题,至少在伯尔曼讲的人类学意义上,原本是中国人经验的一部分。而且,这部分内容在中国人的经验里,同"德"的观念、理论和实践密切相关。而"德"的观念系统,又与所谓制度性宗教如基督教等不同,它更容易融入现代世俗社会,并提供建立现代政治和法律制度(包括法治)所需要的部分精神资源。

第二点,因为历史文化传统的关系,在中国语境里,德治的口号或话语,作为一种思想资源,本身就具有某种合法性与号召力。因此,它的提出有很自然的一面。尽管如此,对于一个曾经在意识形态上激烈地反传统,更且在政治实践中毁灭一切旧思想旧事物的执政党来说,对传统文化示以温情,将之纳入治国理念和方略,这样的转变不同寻常。从历史角度看,这种转变可能让人想到当初儒家对法家的批判和反动。

法家崇尚强力,主张严刑峻法;通过编户齐民,消灭各种小共同体,令国民直接于国家;抑制私学,禁绝私议,垄断思想文化;统一思想,划一行动,大权集于上,建立举国体制。这些,都曾在当代社会条件下大规模地实行和实现,其影响至今犹在,而且事实上成为当下政治、社会和道德危机的一个重要根源,也是提高执政党治理能力须要克服的一大障碍。在此情形之下,主政者转而亲近传统文化,倡言德治,可以被视为一种利用儒家政治智慧校正可以行于一时但不能传之久远的法家式政治的尝试。

这里又可以析出几点。其一，有法可依、有法必依的法治，是所谓形式化的法治，不涉实质内容。而德治的提出，不仅涉及方法、途径如教化，而且包含了特定内容，如中华传统美德、社会公德、职业道德、家庭美德，还有包含自由、民主、平等、法治、敬业、诚信等诸多概念在内的社会主义核心价值观。这也意味着，德治可以补足形式化的法治在内容上的空洞，而这也是建立法治信仰的条件之一。其二，在法治之外提出德治，恰似由统治的概念转向治理的概念。按官方说法，德治的目标是要建立一种法治文化，增强全体人民实行法治的积极性和主动性，让所有人"都成为社会主义法治的忠实崇尚者、自觉遵守者、坚定捍卫者"，这同治理所强调的自下而上的主动参与正相呼应。其三，德治肯定中华优秀传统文化以及公序良俗、家庭责任的重要性，同治理所重视的正式制度与非正式制度的互动是一致的。其四，德治还推重各类社会主体的自我约束、自我管理，承认市民公约、乡规民约、行业规章、团体章程等社会规范在社会治理中的积极作用，正合治理概念所倡导的社会治理的多主体和多中心。而这些，其实也是传统德治概念所包含的重要内容。因此，透过这个概念的当代运用，我们不但看到旧的思想观念的传承与发展，也能发现当下问题的某种历史文化根源。

当然，这并不是说古今无别，过去的解决问题的办法，可以原封不动地拿来应对今天的问题。事实上，古今德治的观念本身就不相同，它们被运用在其中的政治和社会差别更大。因此，同样是讲德治，其含义和要处理的问题会有许多不同。也许，最大的一个不同是，传统的德治有礼治作支撑，不必讲法治；现今所谓德治却是由法治主题引申出来的，离不开法治概念。而且，同样是要消除法家政治的弊害，儒生只讲德治，也只能讲德治，今人却还要依靠现代社会的法治。这些差别的存在也引出一些可以考虑的问题。一个问题是法治与德治的关系。

现代的法治，自然不是古代法家的法治，也不是古代儒家的礼治；但在形式上，可能通法家的法治（形式化的法治），内容上，通儒家的礼治（传统美德，公序良俗）。当代的德法结合论又强调"以法治体现道德理念、强化法律对道德建设的促进作用，以道德滋养法治精神、强化道德对法治文化的支撑作用"，似乎也期待着造就一种打上了中华文化烙印的法治秩序。这样一种秩序的形成，肯定离不开信仰。

而我们关心的是，在一个日益复杂和多元的社会里，在一个全球化程度不断加深的世界里，这样一种法治秩序，以及人们对这种秩序的信仰，如何才能够建立起来？

[《文汇报》，2015年12月18日]

注释

1 [美]哈罗德 J. 伯尔曼《法律与宗教》,梁治平译,初于1991年由读书·生活·新知三联书店出版社出版,增订版于2003年由中国政法大学出版社出版,后收入商务印书馆"汉译世界学术名著丛书",于2012年再版。

论法治与德治

——对当代中国法治运动的一个内在观察

上篇
中国特色社会主义法治如何可能？

中国的改革开放始于20世纪70年代末，自那以后，中国社会经历了一系列重大而深刻的改变，法律生活的改变无疑是其中不可或缺的一部分。以我个人的经历而言，当我1978年考入西南政法学院学习法律专业的时候，这所成立于20世纪50年代初的法学院是在停办大约十年之后首次恢复招生；而在当时，全中国在办的法律院系总数不超过十所。三十年后，这个数字变成了六百多所，在校学生人数则增加了两百多倍。我还记得，我入学的第二年，中国才有了自1949年以后的第一部《刑法》和《刑事诉讼法》，现行宪法则在我毕业的那一年颁布实施。因为这个原因，在那四年当中，我们学习的各门"法律"，甚至不是"书本上的法"，而不过是一些粗疏的原则，既没有精微的学理来支持，也缺乏经验性的基础。事实上，当时整个社会对法律的概念都是陌生的。

而在今天，不但实证的法律制度已经建立并且在相当程度上系统化了，法律的重要性和影响力也渗入到社会的所有领域和各个方面。这里，我不想列举一系列枯燥的数目，说明中国目前有多少法律、法规和条例，以及根据立法计划，在接下来的几年里，还会有多少法律被制定出来或得到修订；而只想指出这样一些事实：在今天的中国社会，引起民众热议的公共话题很多都是同法律有关的，而社会公众透过媒体尤其是互联网表达的意见，也越来越成为一种不可忽视的力量，经常影响到政府决策和司法判决。

尽管有上述种种变化，人们却还不能说，中国已经是一个完全的法治社会了。这个判断并不只是出于批评者，同样也出于执政者，尽管两者所持的理由并不相同。不久前通过的《中共中央关于全面推进依法治国若干重大问题的决定》（简称《全面推进依法治国的决定》或《决定》），就曾提及在实行法治方面还存在许多"突出"和"严重"的问题，因此提出了"建设中国特色社会主义法治体系"和"法治国家"的"总目标"。《决定》在中国再一次炒热了"法治"议题，而把延续了三十多年的法治运动推向一个新的高潮。

然而，在一些批评者看来，官方所主导的和以"党的领导"为前提的"法治"，既无新意，也无前途，因此不值得关注。但是我们必须承认，在目前以及可见的未来，一种没有

"党的领导"的"法治"并不是一个现实的选项。因此，我们需要了解和说明的，与其说是"党的领导"下的"法治"为什么不可能，不如说是这样一些更具体的问题：

作为一个曾经被认为具有资产阶级属性的概念，"法治"为什么会在20世纪70年代末成为重要政治议题？"法治"议题的提出和强化，在当时和今天是为了应对什么挑战，解决什么问题？在过去的三十多年里，中国的法治运动经历了哪些阶段？它在中国的社会变迁过程中扮演了怎样的角色？应该怎么认识和评估这场持续不断而且不断升温的运动？所谓"中国特色社会主义法治"究竟是什么意思？被层层限定和包裹起来的"法治"还可以恰当地名为"法治"吗？"党的领导"下的"法治"在什么意义上是可能的？

提出和回答这些问题，需要采取一种所谓内在批评的立场。也就是说，我们不能从某种外部立场出发，用外部世界的或教条主义的标准去衡量中国社会的变化；而是从中国现实出发，由社会行动者自己提出的主张入手，通过梳理相关观念、思想、理论和实践的脉络，发现这些主张内在的理路，揭示其中隐藏的紧张，进而深化我们对于当下中国社会及其政治和法律进程的理解。这篇文章就是循着这样的思路，从一个内在视角对"中国特色社会主义法治"做一个初步的观察。

本文分四个部分。首先，简单回顾过去三十多年来中国法治运动的发展过程。然后，通过对官方权威表述的分析，我们将了解"中国特色社会主义法治"的基本含义。在接下来的第三部分,我要把中国的法治运动放在一个更大的历史和社会变迁的背景下观察和理解,说明这场运动的动因和内在机理。最后,在揭示出"中国特色社会主义法治"自身困境的同时,我也试图说明,它在什么意义上和在多大程度上是可能的,以及这样一种法治的发展,可能为中国社会带来什么样的改变。

一 法治运动之发展阶段

观察中国当下法治运动的发展,可以采取非常不同的视角。视角不同,看到的东西就不一样,划分的阶段也因此有所不同。不过,无论采取什么视角,有一个基本事实无法否认,那就是,执政党政治和法律意识的转变,以及在这种意识指导下采取的战略调整和举措,对于这场运动的发生和发展具有不容置疑的主导作用。

下面,我就循着这个线索,用几个重要的时间节点和政治事件作为划分这场运动发展阶段的界标。

1978:中共十一届三中全会

中国当下的法治运动可以被追溯到1978年的中国共产党第十一届中央委员会第三次全体会议。自那时到今天(2014年),这场运动已经有三十六年的历史。在此期间,法律的发展经历了三个阶段。

第一个阶段开始的标志就是十一届三中全会。这次会议召开的时间，正是"文化大革命"结束、中国正面临向何处去的历史抉择的关键时刻。会议凝聚了党内共识，决定放弃此前"以阶级斗争为纲"的革命路线，而转向"社会主义现代化建设"，从而开启了一个新的时代。作为这一历史转向的一环，"民主与法制"建设也成为这次会议的中心议题之一。会议在这方面的决定，直接开启和推动了中国的法治运动，并且确定了这场运动发展的方向、性质和范围。基于这一原因，我在下面会一再回到这次会议的决定，对其中的一些重要内容展开分析和讨论。

中共十一届三中全会确立的路线，在四年后制定的中华人民共和国宪法中得到确认。这是中华人民共和国的第四部宪法，也是中国走出"文革"进入改革开放时代的第一部宪法。这部现在依然有效的宪法，确定了今天中国国家的基本制度架构，以及现今文明世界中通行的宪法原则，包括一些基本的公民权利。而且，与之前的几部宪法不同，在篇目结构上，它把"公民的基本权利和义务"放在"国家机构"之前，以体现保障公民权利的原则。所有这些，在这部宪法制定的1982年，无疑都代表了一种具有历史意义的转向。

总之，1978年以后，伴随着立法和司法制度的重建，法律教育、法学研究的恢复，全社会的法律意识，尤其是公民权利意识也开始生长，在此过程中，"法治"（而不只是"法制"）的概念逐渐凸现，得到越来越多的社会认同，最终为执政党所接受和吸纳。

1997：中国共产党第十五次全国代表大会报告

在中国的法治运动中，1997年的"中共十五大"被认为具有里程碑的意义，因为在这次大会的报告中，首次出现了"依法治国，建设社会主义法治国家"的说法，同时，"依法治国"还被宣布为"党领导人民治理国家的基本方略"。同样是在这份文件里，"尊重和保障人权"被确定为执政的主要目标。中共执政以来，在党的具有最高权威的文件中明确提出和肯定"法治"和"人权"，这是第一次。此外，这份报告还提出了一项堪称宏大的立法目标，那就是，到2010年，要"形成中国特色社会主义法律体系"。

接下来我们看到，1999年，第九届全国人民代表大会第二次会议通过了宪法修正案，经过修订的宪法第五条第一款规定："中华人民共和国实行依法治国，建设社会主义法治国家。"2004年，第十届全国人民代表大会第二次会议再次通过宪法修正案，规定"国家尊重和保障人权"。"人权"概念也被写进了宪法。2011年，第十一届全国人民代表大会第四次会议第二次全体会议宣布："中国特色社会主义法律体系已经形成。"到那一年，中国有全国人大及其常委会制定的法律二百多部,国务院制定的行政法规将近七百件,各种地方法规和政府规章则数以万计。然而,这并不意味着中国法治运动即将完成。就在2014年,以法治问题为单一议题的中共十八届四中全会召开,这次会议在把全中国甚至全世界的目光都聚集在中国的法治问题上的同时,似乎开启了中国法治运动又一个新的阶段。

2014:中国共产党第十八届中央委员会第四次全体会议

我们必须承认,历史上,把"法治"设为一次全会的唯一议题,十八届四中全会是第一次。因此,这件事本身就非常耐人寻味。其次,我们也看到,这次会议作出的决定,即《中共中央关于全面推进依法治国若干重大问题的决定》,内容非常广泛和丰富。它重新阐述了一些旧的原则,提出了一些新的原则,它提出的法律方面的改革举措,据统计,有一百八十六条之多。《决定》给人的另外一个深刻印象,是"法治"的语词爆炸,比如法治道路、法治体系、法治理论、法治原则、法治国家、法治政府、法治社会、法治中国,等等。

显然,在经过三十多年的法律发展之后,"法治"的概念不但被执政党所接受,而且毫无争议地成为其政法话语中的核心概念。细心的观察者还会发现,《决定》重申了"依法治国",重点却是在"全面推进"这几个字上。的确,在构想和讨论"依法治国"问题时,这份文件非常强调和突出"全面"。

比如讲法治体系，就包含了规范体系、实施体系、监督体系和保障体系四个方面；讲依法治国的同时，还强调依法执政、依法行政；谈论法治，除了注重国家和政府，还强调社会。如果更进一步，我们还会发现，"全面推进依法治国"只是"四个全面"中的一个，而"四个全面"正在成为某种新的政治标签。

对一个严肃的观察者和思考者来说，上面这些关于法治的表述并非不值得认真对待。它们或许是我们观察中国法治运动下一阶段发展的重要窗口。

现在，我想由上面对中国法治运动发展阶段的初步描述中引申出几点观察意见。

首先，我们看到一个从"法制"到"法治"的概念变化。

如前所述，中国当代法治运动，始于1978年中共提出"民主与法制"建设这一历史性转变；而促成这种转变的原因，是当时的最高领导层意识到，"文革"期间那种不受制度约束的个人统治方式不可持续，也不可接受。因此，毫不奇怪，有关"人治"还是"法治"的讨论，就成为这个阶段最重要也最受瞩目的争论之一。在这场争论中，许多学者不满足于官方提出的"法制"概念，而主张代之以"法治"概念。他们强调这两个概念之间的区别，认为前者为中性概念，甚至可以落入"人治"的范畴；而后者作为一项原则，完全与"人治"相对立。他们还认为，中国也有"以法治国"的传统，但是没有

"法治"，后者源于近代西方。有趣的是，汉字"制"与"治"二字音同而形异，因此，基于这两个汉字的形、音、义所做的语词和概念上的辨析，如"刀制"和"水治"的说法，也就变得饶有趣味。

其次，也是在中共十一届三中全会公报里，我们看到一个关于"法制"（"以法治国"）的包含十六个字的公式化表述："有法可依，有法必依，执法必严，违法必究。"我称之为中国法治的"四句诀"，也有人称之为"十六字方针"。三十六年后，在中共十八届四中全会的决定里，这个表述变成了"科学立法，严格执法，公正司法，全民守法"。仍然是四句口诀，仍然是十六个字，但在内容上，除了"严格执法"这一句前后无变化之外，其他三句都有改变：

首先，立法仍然排在首位，但是强调的不再只是"有法"，而是立法的品质，即"科学"——一个非常具有"中国特色"的限定词。我在这里不能就中国政治、法律和社会语境中"科学"一词的运用及其含义展开讨论，但要指出的是，"科学立法"之说似乎可以同《决定》在同一部分提及的另外两个概念联系起来理解，那就是"良法"和"善治"，后者出现在党的如此正式和权威的文件中，如果不是第一次，也是相当罕见的。

其次，比较原来的表述，新的法治公式明确建立在立法、行政、司法三分的基础上，不但单独列出"司法"一项，而且特别强调了司法的公正性。

再次,新公式新增了一项:"全民守法"。理论上说,"全民"包括所有人,从普通民众,到政府官员、司法人员,还有包括党的领导在内的所有党员;不过在汉语里,传统上,"民"是区别于"官"的群体,而在过去的法律普及运动中,被要求"知法"并养成"守法"习惯的,事实上也主要是社会大众。《决定》对"全民守法"的要求,重点也是放在社会的一面,不过它同时也明确把"领导干部"和"国家工作人员"纳入其中。更值得注意的是,《决定》特别强调要让"全体人民都成为社会主义法治的忠实崇尚者、自觉遵守者、坚定捍卫者",因为,根据《决定》的说法,"法律的权威源自人民的内心拥护和真诚信仰"。这些新的说法包含了一些非常有趣和值得注意的内容,对于这些内容,我会在本文的下篇里做更详细的分析。

最后,我们注意到,在《决定》里,作为一项战略决策,"全面依法治国"是同"促进国家治理体系和治理能力现代化"的目标联系在一起的,后者也被定义为"第五个现代化"。而在1978年,"民主与法制"议题的提出,正是为了服务于"四个现代化"的目标。这表明,法律的运用,无论是法制建设还是全面推进依法治国,也不管是叫法制还是法治,都指向特定的政治、社会与经济目标,并且与特定的社会条件相联系。换言之,中国法治运动中所发生的种种改变,不但表明了法律本身的发展，也不同程度地折射出中国社会的变迁、这种变迁所带来的各种问题以及执政党面对挑战时所采取的对策。

如果用一句话来概括这些对策所遵循的根本立场和原则，那就是"中国特色社会主义法治"。

那么，究竟什么是"中国特色社会主义法治"呢？

二 何为"中国特色社会主义法治"？

我们的分析可以从句子结构开始。这个句子包含两个部分，主词和主词前面的限定词。在此，我们侧重于分析主词，也就是"法治"。单从字面上理解，无论在汉语还是英语当中，法治的意思都是区别于人治的法的统治，因此，在形式上，法治首先意味着法的权威性和至上性。不过在现实世界中，法治有不同面貌，人们对法治的理解、定义和表述更是各不相同。我们这里要讨论的当然只能是中共自己对法治的理解和表述，为此，我们要再次回到1978年的中共十一届三中全会。

在会议公报专门讨论"民主与法制"问题的第三部分，我们可以读到下面这段话：

> 为了保障人民民主，必须加强社会主义法制，使民主制度化、法律化，使这种制度和法律具有稳定性、连续性和极大的权威，做到有法可依，有法必依，执法必严，违

法必究。从现在起,应当把立法工作摆到全国人民代表大会及其常务委员会的重要议程上来。检察机关和司法机关要保持应有的独立性;要忠实于法律和制度,忠实于人民利益,忠实于事实真相;要保证人民在自己的法律面前人人平等,不允许任何人有超于法律之上的特权。

据此,"加强社会主义法制"明确要求:

1.法律"具有稳定性、连续性和极大的权威"。何谓"极大的权威"?联系到同一段话里的下面两句话:"法律面前人人平等"和"不允许任何人有超于法律之上的特权","极大的权威"似乎应该被合理地理解为"最高的权威"。这种理解可以得到宪法的支持。1982年宪法"序言"宣布:"全国各族人民、一切国家机关和武装力量、各政党和各社会团体、各企业事业组织,都必须以宪法为根本的活动准则。"宪法第五条还规定,所有机构、政党、组织和团体"都必须遵守宪法和法律","任何组织或者个人都不得有超越宪法和法律的特权"。这些规范性表述毫不含糊地表明了法治的基本特征,即法律的至上性。就此而言,中共对"社会主义法制"的理解,也符合上述法治的字面意思。

2.国家政治、经济、文化和社会生活的重要方面必须"有法可依",为此,要建立"法律体系",并依据社会发展需要不断予以完善。

3.法律一经制定，就必须严格地实施和执行。任何违反法律的行为都将受到追究，并被依法处置。所谓"有法必依，执法必严，违法必究"，不仅强调了法律的严格性，而且隐含法律自主之义，即法律独立于世，其实施不受任何其他势力影响和干扰。由此引出下面对检察机关和司法机关的独立性的要求。

4."检察机关和司法机关要保持应有的独立性"，"忠实于法律"。什么是"应有的独立性"？合乎逻辑的解释是，能够满足"忠实于法律"，维护法律至上权威的"独立性"，便是"应有的独立性"。自然，我们也注意到，在法律之外，"司法机构"还被要求忠实于"人民利益"和"事实真相"，这些要求彼此之间会产生冲突吗？可能。然而，只要法律是"人民自己的法律"，严格遵守和适用法律就应该与"人民利益"相一致，而法律上讲的"事实"，通常是通过适当的程序和证据规则来达成的。所以，根据这一表述，法律如果不是"检察机关和司法机关"效忠的唯一对象，也是其效忠对象最核心的部分。

在上述明示的四项要求之外，我们还可以从这段话中读出一些隐含的内容，这些内容逻辑地包含在这段关于"社会主义法制"的叙述之中。其中，最重要的包括：

1.作为一种特定规范，法律不同于行政命令、国家政策和党章党规等其他规范，它必须由"全国人民代表大会及其常务委员会"制定和公布,通过专门的司法机关来适用。

2.法律既然被要求认真对待和严格执行,它就必须是可执行的。由此,除了稳定性和连续性,法律还必须是公开的,法律的含义应该是明白的和确定的,其内容也要前后一致,不同的法律也要避免相互矛盾,等等。

3.法律既已订立,其执行即成关键,而在这一环节,将行政行为置于法律支配之下尤为重要。为此,要建立有效的司法审查制度。这同时也意味着,司法机构必须享有"应有的独立性"。此种独立性不能托之空言,而要有一系列相关制度和机制来保障。

4.要有效发挥法律的作用,在立法和司法之外,完备的律师制度必不可少,律师在法律系统中的地位必须有制度上的保障。此外,为培养法律人才,提升法律品质,必须设立专门的法律教育机构,开展法学研究。

5.最重要的一点,规定和体现法律至上原则的宪法,其本身也要切实可行。与宪法相悖的行为,包括抽象的立法行为,都应当被宣布无效。换言之,为维护法律至上的原则,应当建立某种形式的违宪审查制度。

显然,在今天的中国,包含上述内容的法治并未完整和充分地呈现,但那只是说明,在中国,法治,即使是按照三中全会公报的界说,仍是一项尚未完成的事业。因为,上面提到的这些明示的和默示的法治要素,在理论上和逻辑上并非外在于中共自己提出的法治主张，在实践上也并非外在于过去三十多年的法治运动。在最近这次有关依法治国的《决定》中，加强宪法实施和宪法监督，强化法律对行政权力的控制，完善司法保障制度以减少和消除对司法的不当干预，都是众多改革举措中不容忽视的部分。

那么，是什么原因让官方转向"民主与法制"，以"依法治国"为基本方略，并且持续不断地推动这场社会主义法治的运动呢？

三 为什么需要中国特色社会主义法治？

回顾历史，上述法治观念的提出，在中国语境中包含了深浅不同的三重理由。

第一层理由直接出自对"文化大革命"的反思。"文革"中，法制荡然，社会秩序瓦解，人民生命、财产不保，文攻武卫波及社会各阶层人士，党政官员乃至党和国家的领袖皆不能免。正是对这一惨痛经验的反思和总结，在中国共产党内促成了重建法制的共识。1978年的《十一届三中全会公报》指出："会议对民主和法制问题进行了认真的讨论。……当前这个时期特别需要强调民主……宪法规定的公民权利，必须坚决保障，任何人不得侵犯。"在当时的语境中，"法制"主要针对"人治"提出，为的是防止个人崇拜之下以言代法、因人废法和权力不受约束的现象。强调民主的制度化、法律化，进而肯定法律的权威性，主张法律之下人人平等，以及司法机关的独立性，都是基于这种考虑。1997年中共十五大报告在谈到依法治国主题时指出，要使（民主）制度和法律不因领导人的改变而改变，不因领导人看法和注意力的改变而改变。依然在重申这一关切。

第二层面的理由与中国的现代化转型有关。2011年3月，在十一届全国人大四次会议就"中国特色社会主义法律体系"召开的记者会上，一位资深立法官员答记者问时就指出："我国现代化建设，目标是建设一个民主富强社会主义国家。现代化社会一定是一个规则的社会、秩序的社会、专业化的社会，权利、义务明确的社会，个人对自己的未来可计划而且可预测的社会。这样一个社会靠什么来实现？要靠法律、靠法治。所以形成中国特色社会主义法律体系是我国政治发展的一个目标。"这段关于法律与社会关系的论述，简直就是社会学大师马克斯·韦伯关于现代社会中法律的作用的观点的回声。这个韦伯式的论述揭示了现代社会中法治的丰富内涵，它的关注点不再局限于政治领域中个人专断的危害，而扩展到法律在复杂的现代生活中的重要作用上。

这种转变反映了20世纪80年代之后中国社会因为"改革开放"所经历的深刻变化。这里，"开放"对于中国法律发展和法治运动的促进作用尤其值得关注。中国近代法制的建立原本就是一个法律移植过程，它后来的发展也是因为这一过程的中断而停止。因此，当中国在20世纪80年代重启现代化方案时，通过重新学习西方融入世界秩序，就成为一个自然的选择。这意味着中国将与世界开展更多的交往，建立更多的联系，共享更多的事物，包括经验、价值、观念、制度和规则。在世纪之交的2001年，中国获准加入世界贸易组织，这是一个同时具有象征意义和实质意义的重大历史事件，对于中国当代法律发展的影响是直接的和明显的。

总之，随着中国社会越来越深地融入世界秩序，以及这一过程中中国社会自身的发展和改变，法治，而不是其他方案，就自然成为国家治理的基本方略。当然，对于执政党来说，这也是一个挑战。提高执政能力和执政水平，实现国家治理能力的现代化，就是针对这一挑战提出来的。

不过，这一新的现代化方案的提出，还涉及一个更深刻也更微妙的问题，那就是国家治理的正当性。这也是要实行法治的第三个层面的理由。

中共十一届三中全会确立的纲领，从以阶级斗争为纲和强调无产阶级专政，转向现代化建设。这不只是"党的工作重点"的转移，还涉及国家治理方式的改变，统治者角色的转变（"从革命党转向执政党"），甚至，治理合法性的重新界定。十一届三中全会公报标举的"民主和法制"，实际开启了这样一种转变，公报所提出和推进的最低限度的法治概念——法律在其领域中具有至上权威,权力的行使必须服从于法律,受事先确立的规则和程序的约束;司法机关忠实于法律,并以此方式严格适用法律——逐渐成为新时期治理正当性的一个重要渊源。

不过,在现实中,这样一个法治秩序的目标显然还没有达成。法律的数量固然已经大幅增加,但法律的权威却没有建立起来;有法不依、执法不严的情况随处可见;因为权力缺少约束而造成的腐败蔓延到所有领域,司法也不能幸免;受到损害的当事人不能得到及时的救济,社会生活缺乏稳定的预期。这些在社会公众当中引发了对包括司法在内的公权力的不信任感。执政者显然意识到了这一问题,声势浩大的"反腐"和对"依法治国"的大力推动,都是为了回应这一挑战。

但是,这一努力将面临什么困难,又在多大程度上是可能的呢?回答这个问题需要考察诸多复杂因素,但这明显超出了这篇文章的范围。这里我能做的,是把焦点放在具有根本意义的结构性问题上,这样,我们还是要回到"中国特色社会主义法治"这个概念上来。

中国特色社会主义

在前一个部分,我分析了有关法制/法治的官方表述明确或隐晦地包含的若干重要内容。根据这一分析,"中国特色社会主义"的法治观具有某种普适特征。的确,法治的中国表达包含了某种普适性要素,这种表达甚至符合当代世界最低限度的法治概念。考虑到过去五十年执政党面临和试图解决的问题,考虑到过去三十多年中国社会所经历的变化,以及今天中国与世界的关系,这种情况不难解释;但这并不是故事的全部。因为到现在为止,我们只是考察了作为主词的法治概念的含义,而没有仔细审视作为限定语的"中国特色社会主义"的含义。在完成这一审视之前,我们不可能完整地了解当代中国法治运动的真实含义。

首先,我们注意到,"中国特色社会主义"是一个双重限定语。其中,"中国特色"一词尤为重要,因为它同时限定了"社会主义"和"法治"。比较"社会主义"这个限定词,"中国特色"的指涉范围更小,也更具特殊性质,但同时又可以套用于几乎所有事务。在这个意义上,是否符合"中国特色"就成了一切主张、道路证明正当性需要满足的最高判准。

如此强调"中国特色"显得不同寻常。世界上所有国家的发展都不相同,其法律体系也是如此,但很少有哪个国家将本国特色置于如此突出和重要的位置。那么,是什么让中共转向一种特殊主义的立场?这种转变要回应和解决的问题又是什么?

我们前面追述了中国自20世纪70年代末所经历的一些重大的政治、法律和社会变化。这些变化虽然是在中共主导下发生,并始终在其掌控之下,但也带来一系列紧张和冲突。

1949年中共建立政权之时，它是以彻底摒弃旧法传统来确立其合法性的。1978年重启法制建设，则意味着中国要重新回到发端于清末的法律现代化的轨道。而随着中国日益融入国际社会，近代以来一直由西方主导的一些价值和政治理念，如民主、法治、人权，也被以各种形式导入中国社会。这无疑是一个富有挑战性的局面。一方面，建构后阶级斗争时代的政治—法律意识形态，需要继承更久远的历史传统——不只是近代以来的现代化传统，而且可能包括历史上的儒家传统——同时吸纳当代流行的具有普遍性的正当性概念和话语。但是另一方面，这样做同时也面临其合法性被从这些方面质疑和削弱的危险。因此，一旦决定接受诸如法治和人权这类概念，它就需要把这些概念纳入一个可控的话语系统之内，并赋予其"中国含义"。比如，人权变成了以发展权为核心的一组诉求，社会、经济与文化权利优先于公民与政治权利，进而，个人权利主张在很大程度上变成了社会福利分配。同样，通过强调和坚持"党的领导"，强调法律的社会主义性质和中国特色，法治也被做了"无害化"处理。

这样做的结果，固然消除或至少抑制了某些可能被视为对其控制力构成挑战的因素，但是与此同时，也不可避免地增加了这些观念和制度内在的紧张性。有趣的是，这些包含内在紧张的关系本身又被作为"中国特色"加以正当化。

> 所谓中国特色社会主义，实际上就是在传统的理论，包括西方理论和传统社会主义理论看来不相容的、对立的原则的有机结合。比如，经济上社会主义的公有制与市场经济的结合，政治上共产党的领导和民主法治的结合，思想文化上马克思主义的指导地位和"双百方针"的结合。实现这些看起来互相对立、排斥的原则的有机结合与统一，恰恰是中国特色社会主义的根本特征。（朱景文：《中国法律发展报告 2010》"导论"）

抛开这种乐观主义的根据是否充分的问题不谈，把"共产党的领导"看成"中国特色社会主义的根本特征"，可以说触及了问题的症结。在"中国特色社会主义"这个限定语中，作为最高判准的"中国特色"所指向的，不是某种学说、原则、理论或者意识形态，而是复杂多变的社会现实，是行动的结果。因此，强调"中国特色"，凸显的是做出判断、提出主张和付诸行动的能动性。而在中国，具有这种能动性的政治主体只有一个，那就是中国共产党。党有独立的意志，党能够独自作出判断和决策，更有严密的组织和有效的手段来贯彻其意志，维护其领导地位。由于党（也只有党）能够对什么是社会主义以及人民的根本利益作出判断，并根据中国社会的具体情况随时调整其政策，保证正确的方向，"坚持党的领导"就不仅是"中国特色"的核心要素，也是保持"中国特色"

的前提条件。

因此,毫不奇怪,就如一再重申的那样,党成为包括法治在内的一切事业成功的条件和保障。毋宁说,"党的领导"不仅是中国特色社会主义法治的第一原则,而且是贯穿于国家和社会所有领域的超级原则。因此,所谓"中国特色社会主义法治"是否可能的问题,其实应该被解读为:"党的领导"下的法治是否可能?

四 中国特色社会主义法治如何可能?

在中共十八届四中全会《决定》里,有一个关于党的领导和法治的"一致性"论证:"党的领导和社会主义法治是一致的,社会主义法治必须坚持党的领导,党的领导必须依靠社会主义法治。"单看形式,这是一个建立在循环论证基础上的逻辑命题,但实际上,这个句子是一个集经验判断、政策宣示和规范要求于一的混合物。因为,党的领导在逻辑上并不必然要求法治,历史上也不总是跟法治联系在一起。正如我们已经看到的,党转向法治是一件晚近的事情,促成这一转变的则是一系列复杂的历史与社会变迁。而在此之前,"党的领导"所采取的方式不是法治,否则,"依法治国"也就不会是一个值得追求的战略目标了。

那么,已往的治理模式事实上是怎样的呢?大体说来就是，执政党在保有对国家的政治领导权的同时，还根据需要随时介入对国家事务的日常管理。自然，在宪法的架构中，有一套完整的国家机构，党政有别，但实际上，党通过组织、机构、人事、活动、程序、规则诸方面的机制，渗入到所有国家和政府甚至社会组织的最基层，以确保党的意志、决策和指令（不一定通过法律）能够直达每一个具体的人、每一件具体的事。当然，这并不是说既往的治理方式不需要法律，事实上，它也经常运用法律，只不过，在任何领域和在任何情况下，法律都不是具有自主性的最高权威。执政党可以根据需要随时调整法律适用的范围，改变法律的重要性程度，变化法律运用的方式，甚至，如果必要，把法律的运用降低到最低程度。

这种治理模式在党和国家关系方面并非没有问题。自中华人民共和国成立以来，它就成为困扰执政党的一个难题。执政党内部长期讨论的"党政关系"问题，反映的就是革命党转变为执政党之后，如何以适当方式治理国家和社会的问题。20世纪70年代末以后，执政党转而强调依法治国，其实就是在新的历史时期提出应对这个问题的方案。这时，已往的治理模式与法治之间的矛盾和冲突就变得越来越突出。然而，这里的关键，并不是要不要坚持党的领导，而是党的领导如何成功过渡到法治的方式。以前是以党为绝对权威，以政治为判断和处理所有事务的最高原则，注重实质性目标的达成，以政策、策略和命令为工具。现在则是要强调法律的权威，一切以法律为依据，强调程序的重要性，依靠事先确定的一般性规则来建立秩序。这个对照性的清单还可以继续开列下去，包括更多的内容。

不过，在经历了数十年改革开放和法律发展的当代中国，两种治理方式冲突中最值得注意的地方，与其说是它们奉行不同原则，不如说是这些不同原则被同时适用于同一领域、同一职业或同一群人。比如，所有国家机构及其工作人员都被要求尊重宪法和法律，严格依法行事，同时又被要求坚定不移地服从党的各种决策和部署；而后者还没有转化为宪法和法律。又比如，法律人群体，尤其是司法人员对于法律的忠诚，对法治的确立和有效运作至关重要；同时，对这个特殊群体而言，对党的政治忠诚也是被摆在首位的。

问题是，政治和法律虽然有关联，却不是一回事。政治讲求是非，法律则只问合法与否。二者遵循的原则不同，判断标准不同，因此它们适用的领域不同，为实现其目标采取的手段也不同。把这两种不同的要求同时置于同一场域，甚至是同一种角色身上，难免引发冲突。在这种情形下，便出现了那些我们过去司空见惯的情况：为达成特定的政治、经济或社会目标，相关法律受到限制甚至被弃置不顾；行政部门不是以忠实于法律的方式执行法律；司法部门根据政治需要而不是法律规定决定是否受理以及如何审理和判决案件；公民诉诸法律的维权之举遭到并非基于法律理由的限制；甚至，有些机构直接管控国家事务，决定日常生活中公民权利和义务的分配，其行为却不受司法审查。

就像在中国社会所经历的从计划经济向市场经济转变的某个阶段，经济和社会领域存在这种或那种形式的双轨制一样，社会治理方面也有两种难以调和的观念、诉求、机制和习惯并存的局面。这种局面产生于今天中国社会所处的特殊情境，反映了这种情境极为复杂而艰难的性质。

一方面，今天的中国社会已经具有越来越多的现代社会特征：制度分化，分工细密，合作形式多样，人民的观念、利益和诉求日益多元。要有效地治理这样一个经济与社会生活高度分化和复杂的社会，需要我们称之为"法治"的更加理性化、规则化和形式化的治理方式，包括更高程度的专业分工，职业化，不同社会角色的合理界定，社会制度功能的细分，等等。这也意味着，政治与法律要有适度的区隔，行政与司法要各归其位，国家和社会治理本身也成为一种专门的职业。

另一方面，不依靠法治的治理不但早已存在，而且在战争年代，还曾经是一种有效的治理方式。这种治理以政治为"一切工作的生命线"，强调政治的正确性，通过单向的一元化的纵向控制实现全党、全军和（后来）全国人民思想上与行动上的统一，从而帮助党在较短时间里成功实现了夺取和巩固国家政权的目标。然而，随着国家建设转入正规化，这种治理方式所固有的问题也变得越来越明显。比如，半军事化和运动式方式可以在短时间内动员巨大的社会力量,实现某个政治目标,但这容易造成社会震荡,不适合处理正常社会的常规性问题。更不用说,如果设定的目标本身有问题,运用这种方式还可能造成灾难性的后果。发生在20世纪50年代末的"大跃进"就是一个典型事例。非法治的治理方式不适应现代社会生活的事例很多,这里不多说。

我想说的是,尽管事实昭然,但在短时间里面,这种旧的治理方式也不会轻易消失。这是因为,首先,治理方式的转变是一件相当繁复和困难的事情,实现这种转变,除了要求认知上的改变,还涉及一系列复杂的组织上、制度上、机制上,甚至物质上的改变;这些改变需要时间,也需要付出可观的成本,很难短时间内完成,而在新的治理方式完全确立之前,旧的治理方式的继续存在,也是无可避免的事情。其次,不同的治理方式,意味着不同的运作机制,不同的行为方式,不同的对治理人群的要求。因此,对治理者来说,转向法治,就不只是换一种说法,而是要改变某种习惯,放弃某种利益,适应某种新的情态;这是一个痛苦的过程,不可能轻易完成。最后,改变治理方式和完成社会转型,是一项极为复杂和颇具风险的政治实践活动。因此,确保这种转变以某种可控方式有步骤地完成,无疑也是一个有价值的政治目标。而在转型的特定阶段,沿袭和利用旧的治理手段,可能是最终实现向法治转变的必要步骤。

当然，我们也不能排除另外一种可能，那就是，因为上面谈到的那些原因，旧的治理手段不是被当作权宜之计，而是被有意无意地等同于"党的领导"本身而保留和坚持下来。如果是这样，前面提到的转型时期因为两种治理方式并存而产生的那些现象就会长期存在。在这种情况下，党提出的法治目标无法实现；党希望通过实行依法治国得到的好处，比如提高治理能力，实现国家的"长治久安"，也变得难以企及。而比这些更严重的是，"党的领导"没有因为党提出法治而得到强化，反而因此遇到新的问题和挑战。这些问题和挑战并不是从外部产生的，也不是针对党的领导本身，但是在党的领导被有意无意地等同于旧的过时的治理方式的情况下，它们确实可能危及党的领导的正当性。而这种问题，原来正是党希望，事实上也可以，通过实行法治来解决的。

现在，让我们回到开始时的问题："中国特色社会主义法治"如何可能？如果"中国特色社会主义"的核心是"党的领导"，那么，对这个问题的回答，就取决于"党的领导"如何被理解和定义。

如果"党的领导"仅仅意味着已往的治理方式，那么，"中国特色社会主义法治"就是一个自相矛盾的表述。因为，按照前面的分析，在旧的治理模式下，无论制定多少法律，设立多少法院，都不可能达成法治的目标。但是，党的领导可以，也应该采取法治的形式。我们可以设想这样一种局面：党领导立法，通过法律实现其政策目标；党、政之间的界限由法律作出明晰划分，党并不介入政府日常行政事务，所有国家事务均受法律的规范和支配，所有行政行为都服从司法审查；政治和法律之间有适度的区隔，司法机关只忠实于法律，适用法律只看行为合法与否；党员依然可以担任各级政府官员和法官，但在履行法律所赋予的职责的时候，只服从于法律，而不是法律以外的其他要求。

这仍然是党的领导吗？当然是。既然法律是在党的领导下制定的，是党的政策的法律化，服从法律就是服从党的领导。只不过，这里采取的是法治的形式，党的领导通过法治的形式得到体现和实现。那么，这是不是弱化了党的领导呢？当然不是。党的意志必须转化为法律才能贯彻实施；党要服从法律，虽然这些法律是在党的领导下制定的；党的组织和机构不再以决定或指示等方式介入应由法律管理的事务；党的机构也不代行政府职能。但这并不意味着党的领导被削弱了，恰恰相反，党因为自愿以理性方式约束自己的行为而变得更加强大，党的领导因为采取法治的形式而变得更加稳固。随着治理的中心从党转移到法，党的领导的社会基础将大为扩大，治理能力也会得到极大改善。比如，国家治理的重要职位可以开放给更大范围的人群，这有利于党吸纳更多资源，获取更大支持。与此同时，所有专业人士能够专注于自己的领域，致力于提高专业水平，维护职业标准，完善社会分工与合作，从而更好地满足现代社会的需求。而一旦在法治的基础上建立了秩序，社会生活就会变得更加稳定和可以预期，多样的社会需求经由不同渠道得到满足，社会压力也通过各种通道得以释放，这样，提高治理能力的目标也就达到了。

总之，法治完全可以在不改变执政党地位的情况下实现，而建立在法治基础上的更具理性色彩的秩序也会更加稳定。显然，这样的法治符合"中国特色社会主义法治"的定义，也合乎党和国家的长远利益。但是，从以往不习惯甚至不赞成法治的人的立场看，它却是不可接受的。这意味着，在中国真正实现法治，除了要克服思想上、习惯上、能力上以及与利益相关的种种障碍，还需要智慧、勇气和想象力。这也意味着，要完成社会转型，"实现中华民族伟大复兴"，"中国特色社会主义法治"的实现的确是一个巨大的挑战。

下篇
文明史视野中的德治和法治

讲中国特色社会主义法治，如果不提德治，不讨论德治和法治的关系，肯定是不完整的。之所以这么说，是因为中共十八届四中全会，不但专门讲到德治，而且把"坚持依法治国和以德治国相结合"列为建设中国特色社会主义法治体系和法治国家的一项重要原则。这条原则的具体表述是这样的：

> 坚持依法治国和以德治国相结合。国家和社会治理需要法律和道德共同发挥作用。必须坚持一手抓法治、一手抓德治，大力弘扬社会主义核心价值观，弘扬中华传统美德，培育社会公德、职业道德、家庭美德、个人品德，既重视发挥法律的规范作用，又重视发挥道德的教化作用，以法治体现道德理念、强化法律对道德建设的促进作用，以道德滋养法治精神、强化道德对法治文化的支撑作用，实现法律和道德相辅相成、法治和德治相得益彰。（《关于全面推进依法治国若干重大问题的决定》）

一个专门讨论法治问题的官方文件，同时也讨论道德问题，尤其是法律和道德的相互关系，这显得不同寻常。不仅如此，它还以法治与德治并举，从而在法治这样一个似乎是现代的议题里加入了些许极具本土特色的传统的色彩。我们都知道，古代中国人非常重视德，强调德在政治和法律生活中的主导和支配地位，由此形成了一套可以称为中国式的政治和法律传统。不过，这套政治和法律传统随着中国历史上最后一个王朝的覆亡早已正式终结了。那么，在一个世纪以后，似乎又转向这一传统，这意味着什么？为什么要这样做？这里的德治主要指什么？通过接续或者复活古代传统，要解决的问题是什么？这些都是大家可能关心的问题。

回答这些问题,可以从德治和法治这两个关键词入手。先讲德治。

一 德治

德治的观念出于儒家,儒家成立于孔子。但是德治思想的起源却是在孔子以前。根据现有的研究可知,周人有非常明确的德的观念,而且,在周人伐殷取得政权和后来统治天下的过程中,德的观念是关键性的。德的含义,简单地说有两端,一是敬天,一是保民。能够敬天保民的君主就是有德之君,就能够拥有天下,否则,即便拥有天下,最终也会丧失。在这个意义上说,德治就是具有正当性的稳定的统治。据说,周代,还有周以前所有伟大的君主,都是实行德治的典范。

历史上与"德和德治"关系密切,而且同样重要的还有一组概念,那就是"礼和礼治"。礼起源更早。它是从初民祭神仪式中发展出来的各种社会规范。礼内容庞杂,范围广泛,包括了从风俗、习惯、仪轨到法律的各种规范形式。也是在周代,伟大的立法者周公对礼做了创造性的改造,把礼发展成为一套非常精致的规范王国体制、君臣关系的国家制度。所以,周代的政治也是礼治。礼治和德治是什么关系?用学者的说法,周公以德说礼,德是礼的内在精神,礼是德的规范性表达。德治和礼治就是一件事的两面。不过,礼既然是行为规范,就跟法有了关系,只不过,礼比法的范围宽很多,《周礼》把礼分为五类:吉、凶、军、宾、嘉。这五礼主要是贵族的,属于统治阶级。《礼记·王制》把礼分作六个部分:冠、婚、丧、祭、乡、相见。这些是日常生活的规矩,覆盖了当时社会生活的所有领域,从小孩子的成长,到共同体成员之间的交往,以及生产、婚姻、丧葬、祭祀等各种活动,无所不包。所以,《礼记·曲礼》就说:

> 道德仁义,非礼不成,教训正俗,非礼不备。分争辨讼,非礼不决。君臣上下,父子兄弟,非礼不定。宦学事师,非礼不亲。班朝治军,莅官行法,非礼威严不行。祷祠祭祀,供给鬼神,非礼不诚不庄。是以君子恭敬撙节退让以明礼。

总之,礼提供了人类生活的适当范式和标准,人类所有的事务和活动,都应当由"礼"来指导和规范。"礼"是优良社会的秩序基础。这是典型的礼治的思想。

礼治自然不是法治,但礼治和德治并不是跟法律没有关系。关于早先德、礼、法的关系,中国最古老的政书《尚书》或称《书》有这样一段记载:

> 德威惟畏,德明惟明。乃命三后,恤功于民。伯夷降典,折民惟刑;禹平水土,主名山川;稷降播种,家殖嘉谷。三后成功,惟殷于民。士制百姓于刑之中,以教祗德。

这段话提到三个人:禹、稷,还有伯夷,都是古代的圣人,都对古代文明作出过重大贡献。禹治水土,稷教民种植,"伯夷降典"。"典"是什么?"典"就是"礼",合称"典礼",也称"礼法"。这段话说,人民生活安定,衣食充足,这时候就要端正人们的行为,让人们的行为合礼。这是伯夷的工作,他教导人们遵从典礼,并以刑罚来提供保障。古代经学家在解释这段话的时候还提到中国最早的法官,一位名叫皋陶的圣人,说他公正地运用刑罚,不偕不滥,不轻不重,助成道化,教民敬德行礼。实际上,记载这段话的《吕刑》,本身就是一个专门讲述法律原则的篇章。那么,为什么人们讲到那个时代总是用"德治"和"礼治"这些字眼,而隐去"法"字或"刑"字呢?那是因为,当时"法"或者"刑"还是统摄于"礼"中,没有分化出来,变成它们后来的样子;而且,在当时以宗族和村社共同体构成的社会里面,礼融于俗,就是日常社会生活的一部分,生活在这社会里的人,习惯于按照礼所要求的方式生活,很少有严重背离和破坏礼的事情。换句话说,礼维续社会秩序的功能,主要通过对人的行为的潜移默化的影响来实现。

中国历史上，礼治秩序的典范是西周，但是到了东周时期，礼的秩序开始瓦解，这就是所谓的"礼崩乐坏"。当时，周天子的权威衰落得很厉害，诸国各自为政，甚至互相觊觎对方的领土，强国开始兼并弱小国家。一国内部也是如此，为了争夺政治权力，父子相残、兄弟相杀，这样的事情时有所闻。有势力的大臣操纵国政，或者干脆自立为国君，但是这样的事情也可能发生在他们自己身上。在这个阶段，国与国之间的征战变得频繁起来，战争规模也越来越大，而且更加残酷。各国君主为了应对这种情况，就开始集中权力，革新制度，尽其所能去增加财富，扩充兵源。在这个过程中，不但上层的政治秩序发生剧烈的变动，下层的村社共同体也开始解体，传统的社会纽带失去作用，旧的社会规范瓦解，社会流动性大大增加，整个社会变得动荡不安。就是在这样的背景下，法家崛起了。

正像法家这个名称表明的那样，法家推崇法，而不是传统的礼。但是，就像上面说的，法原来就在礼的里面，是礼的规则的、制度的、强制性的部分。只不过，法家把这一部分单独抽出来加以发展，把它变成一套独立完整的制度，最后用它来取代过去礼才有的崇高地位。了解了这一点，我们就不会奇怪，法家的先驱，比如管子，还有子产，其实都是从旧的礼治秩序中出来的人物。子产是郑国的大夫，他担任执政时厉行改革，其中一项是铸刑书，也就是法律改革。这件事在当时引起很大的争议。晋国大夫叔向写信给他，指责他破坏了传统的礼治秩序，将导致社会的混乱，十分危险。子产则回答他说，我为了拯救国家，不得不如此。叔向的担心不是没有道理，但是社会条件变了，改革是大势所趋。法家都是改革家、实践家，所以在那个时代能够崭露头角。最著名的改革家是商鞅，他帮助秦国变法，身死而功成。秦国崛起，最终消灭六国，一统天下，主要得益于法家的政策。换句话说，秦国实行的不再是礼治，而是法治。现在我们就讲讲古代的法治。

二　法治

经过法家的发展和改造，战国时代的法，成了君主手中最重要的治理工具，用来推行让国家富强的政策。这种法讲求明白、确定、可靠、有效，赏罚分明。它没有礼的含混性，也没有礼的人情味，更不讲仁义道德。在法家看来，德的概念既含混，难以捉摸，又软弱，不具强制性，不能产生立竿见影的效果。而且，德的标准并不掌握在君主手中，就连君主是不是有德，也要参照臣民的意见来确定。这是法家最不能接受的事情。法家坚决主张一元：治出于一，法出于一，思想出于一。这个一是什么？对臣民来说，是国君；对社会而言，是国家；对诸私而言，是公。的确，法家是最主张尊君的，但是法家的尊君，并不是主张君主可以恣意妄为。恰恰相反，法家主张尊君，是因为君代表了公。这种公表现在制度上，便是法治("治法")。然而法不是由君主制定的吗?不错,但是法律一经制定,君主就要和臣民一起来遵守("与民共信")。君主不守法律,凭个人好恶治理国家,这种做法不是"公",是"私"。而在法家的语汇里,私是邪恶的,有害的,不具有正当性。在这层意义上,原本是出于君主的工具性的法,就有了一种超越了作为个人的君主的崇高地位。只不过,法的这种崇高地位并没有制度性的保障。法家坚信,不依法治国的君主将受到"惩罚":社会陷入混乱,国家衰败,国君地位不保,甚至有生命之虞。所以,明智的君主(明君)会选择法治,法治会让国家强盛。的确,实行法治最彻底的秦国,后来成为最强大的国家,完成了统一中国这项了不起的事业。不过,很有讽刺意味的是,这个看上去坚不可摧的超大国家(帝国),只存在了短短十五年,成为中国历史上最短命的王朝。要问是什么造成了秦的覆亡,答案则居然与它实行的法治有关。

讲到秦的灭亡,大家都会提到陈胜、吴广起义的故事。正是这次起义引发了一连串反叛,从而终结了秦的统治。但是陈胜、吴广为什么会铤而走险,"揭竿而起"呢?原因很简单,陈、吴二人是被征发戍边的兵士,他们的队伍在赶赴戍边地点时,因为大雨被阻途中,不能按时到达,而根据当时的法律,他们会因此被处死("失期当斩")。既然没有了生的希望,为什么不放手一搏呢?自然,陈、吴造反这件事有偶然性。假设法律的规定不那么严苛,对违法者的惩罚不那么严厉,陈胜、吴广们或不至那么绝望,这场悲剧或许最终不会发生。而改变一条法律,毕竟也不是一件难事。但问题是,这件事所涉及的,其实不是某一条法律,而是秦的国家体制,是法家治国的基本理念。

在今人看来,规定戍边士兵逾期不到就被处死,这样的法律无疑是酷刑。其实,古人的看法跟我们也差不多。既然如此,立法者为什么还要制定这样严酷的刑罚呢?这就跟法家的思想有关了。前面说了,法家不屑于传统的德礼,而独重法律,法是有强制力的规范,是力的表现。所以,法家倡言力,崇尚势力、权力、强力,也就不奇怪了。尚力的思想,表现在法律的运用上,就是重刑。法家相信,重刑是消灭犯罪的最好办法。对轻微的犯罪使用重刑,就能在减少轻微犯罪的同时,杜绝严重的犯罪。人们因为害怕重刑而不敢以身试法。结果,刑罚随着犯罪的减少而减少。这叫作"以刑去刑"。重刑思想的产生也同法家对人性的看法有关。法家认为,趋利避害、好逸恶劳是人的天性,受这种天性支配,人的各种行为和活动都不出利益计算的范围,甚至君臣之间、父母子女之间也是如此。这种对人性的看法真是现实而冷酷,但法家的制度和政策就是依此来设计的。相反,儒家宣扬的各种德行,诸如忠信仁爱之类,在法家看来,完全脱离现实,用来治国,不但无益,更且有害。

法家的尊君、崇法、尚力还有一个表现或结果,那就是对社会与文化的极度轻视和抑制。上面说了，法家是坚定的一元论者，主张一切统一于君、统一于法、统一于公。所有的行为、言辞、活动、利益和主张，只要不是依据君主命令，不是根据法律要求的，都是私，而只要是私的，就都是有害的，必须坚决去除。韩非子讲过一个故事，说韩国的君主有一次办公时睡着了，负责君主冠戴的官员看见了，担心他着凉，就为他盖上了被子。韩侯醒来问清了缘由，就把负责冠戴和负责衣着的官员都惩罚了。惩罚后者，是因为后者失职；惩罚前者，则是因为前者的行为超越了职权。在韩非子看来，法律的实施就应该这样严格。还有一个故事也很说明问题。据《史记》记载，商鞅在秦国变法，开始的时候很多人都不愿接受，但他执行法律很严格，就连太子犯法也不容情，这样就树立了法律的权威。十年后，法律的效果开始显现，秦国秩序井然，这时，那些最初反对变法的人也前来讲变法的好处，但商鞅却说：这些都是乱民。于是把这些人都放逐到边地去了。从此以后，就没有人再敢随便议论国家法令了（"其后民莫敢议令"）。法家对学者很反感，就因为他们喜欢议论时政，自立标准。本来，法家不讲德，不重教，也不尊师——这些都是儒家的传统。但是为了和儒家对抗，统一思想、舆论和行动，法家也提出了"教"和"师"的主张，但法家的"教"是"法教"（"以法为教"），法家的"师"是"吏师"（"以吏为师"）。秦始皇统一中国之后，听从丞相李斯的主张，实行禁书令，不允许民间收藏古代典籍和诸子书，把它们都搜来烧掉，同时严惩违法者。这是很典型的法家政策，目的就是要禁锢人心，统一思想。很明显，在这种国家体制下面，既没有社会组织生长的空间，也没有文化繁荣的可能。这样的国家，表面上看强盛，其实是很脆弱的。特别是当时，秦兼并六国，变成一个规模庞大的超级国家，但是社会内部的整合又很不够，要保持这样一个国家的稳定，单靠外在的力——军队、法律和官僚系统——怎么会不出问题？这一点，古人就已经看得很清楚。

汉代的人对秦制有很多批评，说它用法家理论治国，不讲仁爱，不兴德教，任用酷吏，严刑峻法，横征暴敛，驱策老百姓就如"群羊聚猪"一般。而且，秦法只看外部行为，不问行为动机、人心善恶，结果把人变得虚伪无耻。这正应了孔子所说的："道之以政，齐之以刑，民免而无耻。"自然，这些都是从儒家立场发表的言论。其实，儒家论政，也不是不讲法律政令，他们反对的是专任刑罚（"任刑"）、不讲仁义道德的霸政、暴政。此外，他们也不像法家那样，认为法律具有头等的重要性。相反，就如上面所引孔子语录表明的那样，儒家看到了法律的种种不足。所以，孔子又说："道之以德，齐之以礼，有耻且格。"儒家政治理论的核心是"仁"，仁是最高的德目，也是德的总名。孔子用仁去解释礼，孟子则发展出"仁政"的概念。后来的荀子是礼学大师，他更重视法的作用。他门下的两个学生，韩非和李斯，干脆就是法家的理论家和实践家，所以后世有人把荀子也归入法家者流。不过，现在一般意见还是认为，荀子思想的底色仍然是儒家的。比如，荀子论治道，核心是礼，是君子，而不是法。

荀子在汉代的影响很大，汉代最有影响的儒家学说春秋公羊学，就与荀子的思想有很深的渊源，他们都对国家制度、法律政令问题有深切的关注。大家都知道董仲舒这个人，汉武帝决定独尊儒术，和董仲舒有很大的关系。董仲舒是公羊学传人，他的理论重德但不废刑。按他的说法，德是阳，刑是阴；阳在上，阴在下；德为主，刑为辅。二者相辅相成，不可或缺。汉代的国家制度和法律制度，本来都是继承秦政而来，现在开始经历儒家义理的改造。比如，皇帝的权威被重新安置在天命之下，法律也被纳入儒家所崇奉的价值系统之中。汉代流行用儒家经义断案的做法，选任官吏也开始参照儒家的道德标准。与法家严格区分法律与道德、轻视和抑制家庭伦理的态度不同，汉代皇帝把家庭伦理引入到政治和法律中来，甚至标榜以孝治天下，很多皇帝的谥号里都加上一个"孝"字。这些都表明了儒家学说的影响。不过，儒家思想影响力的明显增加，与其被看成是儒家对法家的胜利，不如被理解为儒、法两种政治和法律传统的融合。毕竟，法家发展起来的文吏制度，比较传统的礼治秩序，是一套适应较高社会分化程度的理性行政，也是秦汉国家体制中不可缺少的一部分。只不过，这套制度，就如我们在秦政的例子里所看到的，偏离古代传统太远。它太重外在的力，迷信国家的力量，结果削弱了统治的基础，难以为继。儒家的介入改变了这种情况。儒家强调德，强调统治的正当性，重视家庭，重视社会，重新确立了德主刑辅的原则，希望在一个新的基础上把国家与社会、礼和法整合起来。有学者把这个过程说成是"法律的儒家化"，也有人称之为"儒学的法家化"，但是不管怎样，大约到了东汉时期，一个相当完备的以皇权为核心的古代官僚制国家体制最后形成了。说这个官僚制国家是由儒家思想主导的，大致没有错，但是类似儒教国家这样的说法也容易有误导性。因为，支持古代官僚制国家进行日常管理的许多制度，历史上是由法家提供的，而且，汉以后的儒家也已经不是孔、孟时代的儒家了，而在相当程度上"法家化"了。因此，汉以后确立的治理模式，既不是单纯的德治，也不是单纯的法治，而是一种德刑并用的礼法之治。

三 礼法秩序的解体

历史表明，礼法秩序有很强的包容性和稳定性，能够适应不同社会条件。从汉代到清代，历史上发生了很多变故，有战争、叛乱、异族入侵、观念改变，还有大大小小的自然灾害，经济和社会的危机，这些变故有时足以造成政权变更，王朝继替，但是最后都没有改变德主刑辅、礼法合治的秩序模式。反过来看，这种秩序模式似乎具有某种超越性，能够经受内部和外部的改变所带来的冲击，为这个文明的延续提供稳定的基础。不过，19世纪，当中国的大门被列强用武力打开之后，这个秩序最终也面临瓦解的命运。

这里，我不打算复述这段大家都比较熟悉的历史，只想用一个立法上的事例说明，当时旧秩序遇到了什么样的挑战，这种挑战会把中国引向什么方向。

清末有一场有关立法的大争论，争论的焦点是礼和法的关系，因此这场争论就被后人叫作"礼法之争"。现在我们都知道了，礼、法关系问题是中国政治和法律传统的核心，这是老问题，而且早就解决了。但这次为什么又提出来了呢？原因很简单，这时人们说的法，是西方近代的法，这个法跟中国的礼没有关系，甚至也不是历史上法家所说的法。所以，这一次参与争论的两派，也就不是传统的儒家和法家，而是所谓"礼教派"和"法理派"。礼教派维护的是中国传统的政治和法律原则，简单地说，就是德主刑辅的礼法秩序；法理派接受了西方近代法治观念，希望建立一个现代西方式的法律秩序。其实，礼教派并不反对学习西方制度，更不反对变法，法理派主导制定的法律也不是没有保留旧法的痕迹。就此而言，两派的分歧似乎更多是程度上的。但是，这种分歧因为涉及了不同的原则，终究还是无法弥合。礼教派认为，法律是一种地方性知识，各国法律不同，但无不是从自己的习俗和民情中产生。因此，立法要照顾到历史、文化和民情，方才具有正当性，也才能够有效发挥作用。法理派则相信,中国现在要学习的法制,是世界各国通行的制度,是具有科学属性的普适规则。通过学习和建立这套制度,可以改变中国旧有的民情和风俗,进而使中国跻身于世界文明国家之列。具体到礼、法关系,法理派主张,礼法关系其实就是道德同法律的关系,而根据通行的法理,还有"世界各国"的样板,道德和法律属于全然不同的范畴。道德是教育的事,法律管不了,也不应该管。孔子讲"齐之以礼",对"齐之以刑"则不以为然,不也是把礼和刑分作两件事吗?礼教派也承认,道德和法律有区别,不能等同。但他们认为,有区别不等于没有关系。他们反对法理派严格区分道德和法律的立场,希望在新法里面为残存的礼教留一席之地。

要保存礼教于法律,其实就是要保存家庭伦理于政治,保存家于国。这正是法理派坚决反对的。在他们看来,中国的落后,中国的积弱,说到根本,就是因为家、国不分,更不用说家优于国了。当时在思想界颇有影响的一位新派人物杨度就公开说,中国的贪官污吏都是慈父、孝子,中国的问题,就在于慈父、孝子太多,而忠臣太少。这些话,立刻让我们想到两千多年前的韩非。因为韩非说过几乎完全一样的话。这也不奇怪。韩非所代表的法家,是国家主义者;而杨度为之大声疾呼、想要树立的,也正是国家主义。当然,这两种国家主义在很多方面都有所不同,但它们都把家排除于政治之外,都要建立个人与国家之间的直接联系,都要求个人对国家的排他性的政治忠诚,也都把家与国的这种对立视为关系到国家兴亡的根本问题。

实际上,杨度以后中国近代国家的发展,在某种意义上可以说实现了当时那一代中国人提出的国家主义的目标,但是与此同时,这种发展恐怕又超出了他们的规划和想象,而走上了一条极为特殊的路线。这条特殊的路线不是法家的,更不是儒家的,甚至不是传统的,而是近代的。不过,这条近代的路线又确实带有传统的印记,以至于对这一路线的调整也让我们想到历史和传统。

我们的讨论可以从既往的治理模式开始。

四 既往治理模式

讲到既往的治理方式,最容易引起的一种误解,就是把它等同于党的领导。对于这种因为思想僵化而产生的误解,我在上篇里已经做了澄清和说明,简单地说,党的领导和党的领导的实现方式不是一回事;不同历史和社会条件下,党的领导有不同的表现和实现方式;在今天的社会条件下,法治才是实现党的领导的最合理、最适当的方式;实行法治才符合党、国家和人民当下的和未来的利益。那么,既往的治理方式如何运作,它和法治又是什么关系呢?

以往，执政党直接管理整个社会，同时扮演立法者、执法者和裁判者的角色。这样说好像与事实不符，国家和政府呢？这件事需要稍加解释。按照《宪法》的规定，国家机构并不包括政党。这种安排隐含的意思是，国家机构履行法律规定的各项职责，政党不能越俎代庖，介入本应由国家依法管理的各项事务。但是，因为中国革命的特殊历史原因，党是国家的缔造者和领导者；党作出决策，国家机构予以执行。党、国之分，就像是某种内部的分工。在这种情况下，党在治理层面上介入国家与社会事务，进入本应由法律管理的领域，就变得难以避免。但问题是，党的组织和机构不是法律上的"国家机构"，其职权范围不是由法律来规定，决定也不受司法的审查。因此，这种治理方式就不能说是法治的。

需要说明的是，既往的治理方式虽然不是法治的，但是不一定排斥法律。事实上，观察中国1949年以后的历史，我们可以发现，这种治理方式摇摆于两个极端之间。一个极端是完全排斥法律甚至任何正式制度，另一个极端则是强调法制建设的重要性。关于前者，最好的例子莫过于发生在五十多年前的"无产阶级文化大革命"了。某种意义上说，这场运动指向的就是实行科层管理的国家，所以，一般所谓法律与秩序成了这场运动的牺牲品，这是一点也不奇怪的。不过，尽管在这一时期，包括法律在内的正式制度被粉碎，社会似乎陷入无序状态，我们却不能说，党的领导也被颠覆了。因为在这段时期，党代表大会按时举行，执政党对国家和社会的支配和控制并没有减弱。但是，这是一种非常规状态，注定难以为继。之后，钟摆自然地摆向另一端。进入新时期以后，新的口号是："民主与法制"。破碎的国家机构得到重建，正式制度重新受到重视，法律的作用变得越来越明显。然而，随着这个过程的展开和深入，推行法治遇到的困难也变得更加突出了。

这里需要说明一点，这里讲的法治，并不是西方教科书上的概念，而是中国共产党提出来的概念，即——社会主义法制/法治。其主要内容可以用十六个字来概括："有法可依，有法必依，执法必严，违法必究。"当然这是早先的版本，最新的版本是："科学立法，严格执法，公正司法，全民守法。"关于这两个版本的异同，上篇中有简单的分析，对于其中的某些内容，下面还要作更细致的分梳，这里不作讨论，只指出一点：有些批评者不满意这样的法治概念，认为这不是真正的法治，跟古代法家主张的法治没有区别。但这种批评有点简单化，它忽略了一点：即使是法家的法治，也需要满足一系列条件才可能实现，而这些条件是具有某种普遍性的。比如，要真正实现法家的法治，就必须把法奉为非人格的至上权威，唯法是从，任何人，包括制定法律的人，都必须严格地依据法律行事。如果做到了这一点，也就满足了现代社会对于法治的最低限度的要求。

下一个问题是，既往的治理方式如果不是法治的，那它是德治的吗？这个问题比上面讨论的问题更复杂。传统的德治包含两个方面的内容，一是注重教化，尤其是上位者的道德表率作用；二是强调以家庭伦理为核心的伦常纲纪。大体上，前者是形式的方面，主要涉及德治的机制；后者是实质的方面，关系德治的目标，即实现儒家道德秩序。在传统社会，德治这两方面的内容是紧密联系在一起的。但在1949年以后，这种联系被完全斩断了。伦常纲纪，作为腐朽有害的旧思想、旧道德，被彻底摧毁和抛弃；而教育、感化和道德楷模等，则被当作培养新人的有效手段加以利用。而且，作为"无产阶级先锋队"的中国共产党，本身就被视为一个道德群体，被认为具有牺牲在前、享乐在后的崇高美德。直到今天，各级共产党员还是在许多方面被要求发挥"先锋模范带头作用"，为人民作出"表率"。就这点来说，既往的治理模式是有一点德治的味道。遗憾的是，这种条件下的德治并不比法治更成功。原因也很简单，没有足够的制度上的制约，尤其是缺少外部的和自下而上的监督和制衡，对党员干部的道德要求也不过是一种软约束，它能不能发挥作用，更多取决于这些官员自己的良知。这时，如果诱惑足够大，制度上的漏洞又足够多，昔日廉洁奉公的模范官员很容易变成贪污受贿的犯罪分子。规范上仍要求牺牲在前、享乐在后，现实中却成了享乐由己、牺牲归人。事实上，这样的例子俯拾皆是。而一旦德治的机制失灵，人们说的和想的不同，做的和说的又不同，结果，一种玩世不恭、无所顾忌的态度就流行起来。人民不再相信政府官员的道德操守，公开嘲笑各种政治说教，而且，上行下效，许多人追逐个人私利，无所不用其极。腐败自上而下地蔓延到整个社会，享乐之风盛行。

那么，要制止这种社会学家说的"社会溃败"，重建道德秩序，靠什么？很多人的回答都指向同一个方向：法治，或者更一般地说，制度。新一波的法治运动，还有正在进行的"反腐"行动，似乎也都指向了这一点。不过，本文一开始引述的《决定》里的话也表明，执政党并没有把"法治"看成唯一的选项，而是要"一手抓法治，一手抓德治"，让"法律和道德共同发挥作用"。这意味着什么？如果说，"坚持依法治国和以德治国相结合"确有所指，那么它所指的究竟是什么？这个关于依法治国的新表述，跟汉以后确立的德主刑辅的政治和法律传统有什么关系？

要回答这些问题，我们需要再次回到历史，近期的历史和长时段的历史。

前面讲德治的转换，提到传统伦常纲纪的灭绝。这里要指出，这个过程并非自然发生，而是伴随着从文化运动到社会运动到政治革命的一系列温和的和剧烈的社会震荡。经过20世纪50年代的土地改革和新婚姻法运动，经济领域的社会主义改造运动，政治上的反右运动，到20世纪60年代的"无产阶级文化大革命"，在全国范围内消灭了旧的地主阶级和资本家阶级，改变了旧的家庭组织和社会结构，改造了所谓旧思想、旧文化、旧风俗、旧习惯("破四旧")。这是一个斩断了同历史和传统联系的社会,一个没有文化支持的单向度的社会。而在1957年以后以及"文化大革命"期间,既有的法律制度和设施也遭到了破坏。另外,如前所述,当时的社会治理不以身体的控制为满足,它更注重改造旧人,创造新人,这也一直都是意识形态的核心。对人的改造也是在"文化大革命"期间达到高潮。当时的口号是——"灵魂深处闹革命",然而,当所有旧的思想和观念都被连根拔除,而新的意识形态又无法植入人心时,严重的道德危机就不可避免地到来了。

也正是这个时候,以发展为主题的社会转型开始了。这些,还有其他一些因素,共同促成了上面所说的"社会溃败":传统支离,社会破碎,道德瓦解,贪欲横流,制度失效,人心离散。这时,提出并且推进法治,对于制止贪腐、实现公正固然具有重要意义,但只是讲法治又是不够的。诚如孟子所说,徒法不足以自行。制度由人制定,靠人实行,因人而发用。同样,政治国家要植根于深厚的历史文化传统和丰饶的社会土壤中才具有强大的生命力。一句话,要实现良善秩序,除了推行法治,还必须重振道德,重构社会,重建传统,再建共识。

五 当代德治的三个主题

基于上述认识,我们对关于法治和德治的论述便可以做进一步的观察。在《全面推进依法治国的决定》关于德治的论述中，德的内容依次包括"社会主义核心价值观""中华传统美德"以及"社会公德、职业道德、家庭美德、个人品德"。其中，由中共十八大报告首次提出的"社会主义核心价值观"由三组十二个概念，二十四个字组成，分别是富强、民主、文明、和谐，自由、平等、公正、法治，爱国、敬业、诚信、友善。根据官方的解释，这三组概念分别对应于国家层面、社会层面和个人层面的价值。显然，仅仅是"社会主义核心价值观"这一项就足够广泛，加上后面提及的各个领域和方面的德目，基本把古今中外所有重要德目囊括其中。

这种关于德的面面俱到的表述有什么意义？作为"核心价值"是否恰当？在逻辑上是否周延？在现实中是否可行？这些问题也许不太重要。重要的是，它表明，今天中共在思考国家和社会治理问题时，已经不再仅仅关注制度和法律本身，其关注点已经从法律扩展到道德，从国家延伸到社会，由制度推及个人。这种关切的转变转而产生了一些新的思考和论述。我们注意到，《决定》的主题词是"全面推进依法治国"，其中，副词"全面"二字是新增的，这个小小的增加很值得玩味。把道德与法律、社会与国家、政治与文化、现代与传统等要素同时纳入关于国家治理的思考范围，无疑体现了一种"全面"的视野。接下来，在关于"全面推进依法治国"的"总目标"的核心段落中，更有一连串具有"全面"意味的排比句，比如

"坚持法治国家、法治政府、法治社会一体建设"。其中，关于"法治社会"的详尽论述，占了《决定》的整个第五部分。这个部分的题目是："增强全民法治观念，推进法治社会建设。"根据另一种分类方式，这个部分也被归入上面提到的法治十六字方针中"全民守法"的范畴。

讲法治观念、全民守法，我们马上会想到"普法"，想到过去三十年政府就此开展的各种活动。的确，全民守法不算什么新观念，但是，《决定》的这个部分，因为对应着前面关于法治与德治相结合原则的论述，是这一原则的具体化，不但内容更加丰富，而且有些新的意思，已经不是过去所讲普法或者全民守法所能概括的。

具体地说，这个部分依次显示了法治与德治相结合原则所包含的至少三个主题，我称之为信仰主题、道德主题和社会主题。现在我们就对这三个主题作更细致的分析。

先看信仰主题：

> 法律的权威源自人民的内心拥护和真诚信仰。人民权益要靠法律保障，法律权威要靠人民维护。必须……建设社会主义法治文化，增强全社会厉行法治的积极性和主动性……使全体人民都成为社会主义法治的忠实崇尚者、自觉遵守者、坚定捍卫者。(《中共中央关于全面推进依法治国若干重大问题的决定》，引文出处下同)

这段话里最引人注意的，大概就是"信仰"这两个字了。人民如果对法治有发自内心的"真诚信仰"，自然能做到"忠实崇尚""自觉遵守"和"坚定捍卫"法治。可见，信仰的作用至为重要。但也正因为如此，这里所说的"信仰"又是一个极高的标准，难以企及。过去若干年，法律与信仰是一个人们很喜欢议论的话题，流行的说法是，法律必须建立在信仰的基础上，否则就不能很好地发挥作用。这种说法大多源自一本讲法律与宗教关系的翻译过来的小册子，所以，这里的信仰与宗教有密切关系。实际上，在汉语里，信仰也主要是一个跟宗教有关的概念。不过，中共的意识形态是无神论的，所以，这里的信仰应该与宗教无关，而与理想有关。而法治的信仰则不只限于人民的一部分，而与全体人民都有关。关于这种信仰的性质，我们可以通过比较历史上法家和儒家的不同观点来做进一步的了解和说明。

毫无疑问，法家是坚决要求全民守法的，为了实现这个目标，法家非常重视"信"。"信"的意思是可靠，以及因为可靠而产生的"相信"。这里，"信"是跟法律联系在一起的，"相信"则是行为人基于对法律的可靠性（"信"）的判断而产生的主观确信。很明显，这两种意义上的"信"都不是"信仰"。信仰是一种发自内心的品性，它在性质上显然更接近于儒家所说的"德"。前面说了，法家不讲德，更不重视德。他们重视的是服从，只要行为合乎法令，行为人的动机可以不问。这意义上可以说，法家对信仰问题不感兴趣。儒家则不同。儒家重视动机，重视善恶，所以，儒家除了讲礼，还强调仁、德，以及诚、敬这类内在的甚至是宗教性的情感，以至于有人认为，儒家学说包含了宗教的成分。官方讲的对法治的信仰，性质上大概类乎儒家强调的"德"。那么，接下来的问题是，怎样才能在人民中间建立起对法治的信仰，让人民成为法治的"忠实崇尚者、自觉遵守者、坚定捍卫者"呢？

在我看来，要实现这个目标，至少要满足两个基本条件：

第一，执政者要把人民视为道德上的主体，尊重他们的选择，实现他们的梦想（至少是在法律不禁止的范围内）。不但不能像历史上的法家那样，甚至也不能像儒家那样，把人民看成不具有自治能力，只能由圣君贤相来教化和治理的子民。

第二，建立法治信仰，其倡导者必须以身作则，党的各级组织，所有国家机构，各级政府官员，都要尊重法律的权威，严格依法行事。这里面，司法机关和法律人群体尤其要表现出对法律的忠诚，并以这种方式来表现他们对法治的信仰。理论上说，这些本来都是"全民守法"要求的一部分，但是要求执政者、治理者率先垂范，做法治信仰的模范，除了因为这些是法治得以实现的重要条件，也是因为，在中国语境里，这一点具有特殊的政治和文化意义。政治上，这意味着转向法治的开始；文化上，这意味着依法治国和以德治国相结合的一个成功范例。

第二个是道德主题:

> 加强公民道德建设,弘扬中华优秀传统文化,增强法治的道德底蕴,强化规则意识,倡导契约精神,弘扬公序良俗。发挥法治在解决道德领域突出问题中的作用,引导人们自觉履行法定义务、社会责任、家庭责任。

这段话涉及的内容非常广泛,论及法律、道德、习俗,无论传统的还是现代的,还有不同社会领域中人民的道德、责任和义务。它的主旨,是要调和各种不同来源、不同性质的规范,实现法律与道德的相互支持,从而造就一个和谐稳定的国家与社会秩序。很明显,这也是一个宏大的目标,一个不容易实现的目标。困难来自许多方面。首先是认识上的问题,比如,什么是优秀传统文化?"优秀"的标准是什么?谁来确定这个标准?在对待传统文化的态度上,有一个流行的说法,"去其糟粕,取其精华"。这也是多年来奉行的原则,但是,去糟取精之声言犹在耳,传统文化却已被毁坏殆尽。可见,不改变相关机制,只是讲"弘扬优秀传统文化"并不能解决问题。更棘手的问题是"公民道德"。前面提到"社会主义核心价值",那些无疑都是公民应当践行的价值,是公民道德的主要组成部分。但在实践中,有些公民行动很容易被看成不稳定因素,而成为"维稳"的对象。问题是,那些践行"社会主义核心价值"的公民行动不被承认和允许，谈论"公民道德"还有意义吗？

道德主题中还有一个原则性的表述很值得注意。这个原则性表述是："发挥法治在解决道德领域突出问题中的作用。"具体地说，法治要能够"引导人们自觉履行法定义务、社会责任、家庭责任"。但是，如果这些义务和责任互相矛盾，法治的引导作用如何实现呢？以家庭责任为例。一定时期内，传统的家庭伦理受到了前所未有的毁坏，表现在法律上，则是有些家庭伦理被要求无条件地服从于法律，二者若有冲突，必须"大义灭亲"，牺牲亲情和家庭伦理。尽管"文革"结束后，家庭伦理逐渐恢复到正常状态，但是至少在刑事法领域，"大义灭亲"的原则并没有改变，在这种情况下，所谓家庭责任往往只是法律义务的延伸罢了。

道德和法律关系上的另一个重要概念是"公序良俗"。由于这个概念早已写进了法律，所以，"弘扬公序良俗"的说法可能意味着加重司法裁判中的道德考量。然而，从实践的角度看，这种要求至少面临两个方面的困难：一方面，面对日益复杂和多样的现代社会生活，如何确定"公序良俗"，并把这种司法上的判定建立在广泛的社会共识的基础之上；另一方面，如何在维护社会价值和保守法律价值之间找到平衡点，从而把对于社会道德的考量融入到而不是强加于司法程序和法律推理。自然，这些并不是中国所特有的问题，甚至在某种意义上说，也不是今天的中国所特有的问题；但是考虑中国历史上的礼法传统，近代革命对这一传统的毁坏，联系今天中国法律与社会的状态，我们又不能不说，这确实是一个颇具"中国特色"的难题。

最后一个是社会主题：

> 推进多层次多领域依法治理。……深入开展多层次多形式法治创建活动，深化基层组织和部门、行业依法治理，支持各类社会主体自我约束、自我管理。发挥市民公约、乡规民约、行业规章、团体章程等社会规范在社会治理中的积极作用。

这段话的重点是社会组织和社会规范。与道德主题提到的社会责任和家庭责任等不同，这里讲的社会规范主要基于"各类社会主体"的"自我约束"和"自我管理"，因此表现为"市民公约""乡规民约""行业规章""团体章程"等。换句话说，这些社会规范是各种社会组织开展自主活动的产物。从法律社会学的观点看，它所展示的似乎是一幅法律多元的图景。这种观点看上去是对社会组织自主性和社会规范多元性的认可，与既往极度强调思想、规范和行动一致性的一元秩序形成了鲜明的对照。按照这样的理解，这段论述，加上前面的两个主题，可以被看成是一种从"国家"中解放"社会"，重建社会和个人自主性，恢复和增强社会生机，进而振兴道德的有意识的努力。根据我前面的分析，这也是阻止当下"社会溃败"，建立良好、健全社会秩序的必由之路。问题是，这种解读正确吗？

我们注意到，这里所谈论的"法治创建活动"，无论在什么领域，采取什么形式，涉及何种规范，都是以"依法治理"为前提的。自然，在一个法治社会里，"依法"的要求具有不容置疑的正当性。但在现实中，法律本身的内容和宗旨不同，强调"依法"的含义可能很不相同。如果法律对"各类社会主体"的成立和活动施以严苛的标准，"依法治理"是一元的、铁板一块的，而"市民公约、乡规民约、行业规章、团体章程"不过是政府法令的各种民间改编本，用来填补社会生活的缝隙，补充法律的不足，那么，这样一种"依法治理"有意义吗？它能成功并且持久吗？说到底，要建立人民对法治的"内心拥护和真诚信仰"，首先要尊重每个人精神上的自由和自主；要让"各类社会主体"参与"法治创建活动"，发挥各种"社会规范在社会治理中的积极作用"，就要先承认和尊重这些"社会主体"的自主性，为它们生长提供足够广大的空间；要在主张法治的同时不废德治，就要尊重所有的道德主体，尊重他们道德上的追求和选择。一句话，要实现上面这些目标，就要承认和尊重差异性，讲求多元而不是一元，强调"和"而不是"同"。我们都熟悉一句古语——"和而不同"，这句话出自孔子，讲的是君子之道。不过，"和"不只是儒家推崇的"道"，它也是中国文化的核心价值，贯穿于古代政治学、伦理学、美学和社会治理等诸多领域。因此,"和"的观念和实践,不但为我们观察和理解中国文明的发展以及我们今天所处的历史情境,提供了一个很好的视角,而且,作为一种仍然具有生命和活力的古代智慧,它也为我们解决当下的问题,提供了宝贵的思想资源。

六 文明三波

中国文明发展到今天,粗略地说,经历了三个大的阶段,我称之为"文明三波"。

第一波文明,有个通俗的叫法,就是"三代",即夏、商、周三代。"三代"文明也被说成是礼乐文明,礼乐文明的社会治理方式,就是前面讲的"德治"和"礼治"。周代,确切地说,西周,是这个文明的典范。这个文明从纪元前22世纪到纪元前3世纪,延续了约两千年。

第二波文明,是我们更熟悉的汉唐文明,这个文明包含的朝代和世代很多,汉和唐只是其中经常被人们提及和称道的两个朝代罢了。汉唐文明实行的不是"德治",也不是"礼治",而是德主刑辅的礼法之治。所以,仿照礼乐文明的说法,我们也不妨说汉唐文明是礼法文明。礼法文明从秦汉到明清,也延续了两千年。20世纪初,清朝覆亡,和清朝一起终结的,还有实行了两千年的帝制。这时,随着现代共和制的建立,中国开始进入到文明的第三波。我们今天就处在这个新文明第二个一百年的开始。

说我们正处在一个新文明的开端,可能会引起争议。毕竟,社会仍在大转变的过程中,各种观念互相冲突,稳定的文化与社会秩序尚未建立,文化上和政治上的身份认同更是一个亟待解决的大问题。这种局面,用一个比喻来说,就好像一座历史悠久的宏伟建筑因为一场毁灭性的大地震而彻底坍塌,现在灾后重建,未来的新大厦应该是什么样的,众人意见不一;想象中的大厦实际上会是什么样子,更无法确定。的确,在目前这个阶段,如果把第三波文明视为一个确定不移的事实,实则是一种缺少根据的乐观和自大。不过,我们依旧可以把中国文明的第三波视为一种初露端倪的可能,或者,一种不乏合理依据的"愿景"(借用现在很流行的一个词),并参照历史的轨迹来观察它的走向。

回顾中国文明的发展很容易发现,从第一波文明到第二波文明,以及,从第二波文明转向第三波文明,各有一次文明转型过程中的"断裂"。

第一次"断裂"发生在春秋战国之际,古人的说法是"礼崩乐坏":旧秩序开始全面瓦解,新秩序却还在探索之中,整个社会因此陷入严重的混乱和纷争之中。法家政治,还有古代的法治,就出现在这个时期。前文已经说过,法原来是礼的一部分,但是法家把它发展到极致。"法"一枝独秀,结果是，礼法分隔，道术分裂，法治取代礼治和德治，成了服务于君主和国家的治国利器。但是，正如我们看到的那样，蔑视传统、没有文化与社会支持的国家，貌似强大，其实很脆弱。同样，缺乏道德基础的政治强力，终究无法维持一种长期稳定的秩序。所以，单纯的法家政治不可避免地失败了。后来者看到并且记取了这一深刻教训，回归古代传统，试图通过综合、平衡各种要素，创造一种更具适应性的新秩序。于是就有了后来的儒法合流，礼法融合，德主刑辅，有了建立在这种融合基础上的礼法秩序和文明。

文明转型的第二次"断裂"发生在清末民初，把它与第一次"断裂"相比较，我们马上会发现，这两次"断裂"不但性质相同、规模近似，特征也很接近。它们都是文明的整体性危机，波及精神与身体、个人与社会、思想与制度等几乎所有方面，都涉及秩序的毁灭与重建、文明的死亡与再生这类根本问题，而且，都表现为文明内部各有机成分的疏离和分裂：礼与法的分离，国家与社会的分离，道德与法律的分离，制度与价值的分离，等等。不同的是，第一次文明转型早已完成，第二次转型还在进行之中，而这意味着，重温历史，可能为理解当下的情境提供一个至关重要的内在的参照基点。

那么，我们能从这段历史中得出的最重要的教训是什么呢？如果就着眼于文明的演进，秩序的建构，或者更具体一些，礼、法的关系，大概可以说，家、国、礼、法、德、刑等各种文明因子，因天下崩解而分裂，缘秩序重建而融合。文明的再生，秩序的重建，必定是一个再续传统、综合诸端、求取中道的过程，一个包容万有、协和万象的"和"的过程。而文明转型能否成功，新的文明能否持久，就取决于它包容万有与协和万象的能力和程度。

循着这样的思路去观察中国过去一百年的历史，我们分明看到，历史正在重演。尽管时代不同，历史舞台上的人物、服装、语言等种种细微节目俱已不同，需要综合的具体内容也已经改变，但是某些主题却表现出惊人的相似性。比如，先是传统的文化与社会秩序瓦解，文明有机体分崩离析；然后有对传统的激烈反叛，各种激进的社会试验，制度的畸变；最后，在经历了剧烈的社会震荡之后，德治的议题出现了，传统美德、家庭责任、公序良俗重新受到重视，"各类社会主体"的"自我管理"也得到尊重，道德和法律的协调一致被认为是国家和社会治理的关键。其至，一些过去只能在历史书里面看到的语汇，像是"更化""礼法合治""德主刑辅"，等等，出现在讨论国政的重大场合。在这些现象后面，还有一个更大的改变。大家可能也都注意到了，最近两年，在国内外多个重要场合，国家领导人频频引述古人修身治国的言论及古代政治经验，表现出一种接续传统的自觉意识。不得不承认，无论出于什么样的理由和动机，这种转变都意味深长。

回到这篇报告开始时提到的《决定》，我想说，其中有关德治和法治的论述意味深长。这些论述表明了执政党对于所面临的挑战的认识和思考，代表了它试图应对这种挑战的努力，以及在进行这种尝试时所遇到的困扰和困难。而通过对这些论述的分析，我们看到了中国当下存在的某些具有根本性的问题，了解了这些问题的性质，同时也看到了解决这些问题的若干可能性。

［原载《中国文化》2015年第1期］

[附录] 2014版法治地图探径

中国共产党第十八届中央委员会第四次全体会议以"法治"作为它的主题,这在中共历史上,还是第一次。因此,无论后人怎么评价这次会议的历史意义,它在当下的重要性是毋庸置疑的。根据这次会议的决定,12月4日将成为"宪法日",这个具有象征性的日子马上就要成为现实。另外还有许多决定,它们的落实需要更长时间,但也不会太久。重要的是,会议的《中共中央关于全面推进依法治国若干重大问题的决定》提出大量的改革举措和政策,即使讲原则问题,也不只是口号和宣示,它们的含义会在具体的制度和程序里体现出来,从而改变我们的社会,影响我们的生活,因此特别值得我们去关注。

我先简单交待一下讨论问题的视角和方法,然后对这幅"法治地图"作一个大体的浏览,最后是对里面的问题作一点梳理。

一 文本和方法

我们要浏览的这幅"地图"由三个文本构成:《中国共产党第十八届中央委员会第四次全体会议公报》(简称《公报》)、《中共中央关于全面推进依法治国若干重大问题的决定》(简称《决定》)和《关于〈中共中央关于全面推进依法治国若干重大问题的决定〉的说明》(简称《说明》)。核心部分是《决定》,《公报》是《决定》的简版,《说明》如其名称所示,就是关于《决定》的说明。

《决定》像一幅蓝图,但也不仅仅是一个蓝图,因为它不只是一种对远景的描绘,也是一个路线图。文件规定的很多改革举措,都是有时间表的。它提到的很多问题,又是目前存在的。所以我就以"地图"为喻。

《决定》出来之后,有各种不同的反应,我也做了一个简单的分类——当然这不是一个完整的、唯一合理的分类——有三种人,三种做法:

第一种,保持政治正确的宣传造势者。主要的做法是以领会文件精神为主旨的释义,其中新意不多,也不会去考虑文本自身有无紧张关系,如何消解,因而对我们的认识帮助不大。

第二种,我称之为"批判的教条主义者"。虽然是批判性的,但却是教条主义的。也就是说,它所采取的,是一个外在的和教条式的标准;不符合这个标准的做法,都被认为毫无价值。这种人其实是拒绝深入中国社会内部,因此也就无法作出正确判断。

表面上看,上面两种立场正好相反,但它们有一个共同点,那就是意识形态化,因此,都比较脱离实际。

第三种,注重学理的观察者。这种立场可以出自不同学科，比如政治学、法学，或者社会学；可以使用不同的方法，但都不是意识形态的，不是出于特定政治目的。它的兴趣是学理性的，所以保持开放的立场，不预设结论。

我下面要做的，就是这样一种观察，更具体地说，我取的视角是"内在的"，我采用的方法是描述的。

所谓内在的视角，就是从文本自身的概念、命题和主张出发，去展示文本内在的逻辑，包括其中内含的紧张关系，或内在的矛盾。所以，我不赞同"批判的教条主义者"的外在式批评。所谓描述的方法，有两层意思：第一层意思是相对于"规范的"而言，就是尽量去呈现对象的本来面目，而不是急于下判断，表达个人的好恶；另一层意思是相对于"理想的"而言，就是说，它的描述不能只限于文本直接呈示出来的这一部分，也要照顾到隐藏在这部分后面的秩序，要对完整的图景做所谓现实主义的还原。

如果还用地图来比喻的话，我的方法就是：以绘图师为中心，沿着绘图师勾画的路线行进，观其形貌，通其关节，察其难易，展开探索和发现之旅。

二 "法治地图"概览

现在，我们就分两步来看这幅"地图"，先看一级目录，观其概貌，然后进入二级目录，浏览一下"路边景致"。

先看一级目录。第一部分总论"社会主义法治",包括基本思想、总目标和基本原则。

第二部分是立法,把宪法的实施和监督放在第一位,非常值得关注。过去很多人,包括海外的学者,批评中国的《宪法》,说这个《宪法》没有牙齿,是纸老虎,无法实施。这里特别强调"依宪执政、依宪治国",就需要解决宪法实施问题。其他方面,比如像加强重点领域的立法,内容很多,关涉"社会民生"的很多重大问题都被列入这个部分,具有导向意义。

第三部分是"深入推进依法行政,加快建设法治政府",涉及的是行政方面。中国政府是个大政府,管的事情多,活动范围大,政府人员也极其庞大,那么,如何制约、监督政府权力,依法行政怎样展开,都是很重要的问题。这部分谈到"强化对行政权力的制约和监督",还有"健全依法决策机制",强调行政决策的合法性,都很值得注意。

第四部分是"保证公正司法,提高司法公信力",专门讨论司法。我首先注意到的是第一项,"完善确保依法独立公正行使审判权和检察权的制度"。这是法治国家很重要的一个环节,因为,保证检察机关严格执法,尤其是法院公正地适用法律,关系到法律权威最终能不能树立,进而关系到法治的成败。这对中国是一个很大的挑战。

第五部分是,"增强全民法治观念,推进法治社会建设"。这部分有很多内容,不单是讲"普法",而且,即使讲"普法",也和以前讲的有所不同。有些部分的内容,比如"推进多层次多领域依法治理",透露出一些新思路,也涉及一些新的问题,需要进一步去了解。

第六部分是,"加强法治工作队伍建设"。这是老提法,不是法学界喜欢说的"法律人共同体",其中的不同,下面有时间再作分析。

第七部分是,"加强和改进党对全面推进依法治国的领导"。这里专门提到"党内法规制度建设",实际引出了一个问题,就是党法和国法的关系。这个问题不简单。党法党规在法治国家中的作用,党法和国法的关系,实际上反映了党的领导和法治的关系,党和国家的关系。关注并且突出党内法规,显然表明执政者意识到这是"社会主义法治"的一个重要环节,想要把其中的问题处理好。

现在我们就再进一层,对这幅"法治地图"的细部作一点观察,这种观察会涉及一些更具体的问题,但还是浮光掠影,而且也只涉及我个人比较感兴趣的方面,要了解完整的图景,还要大家自己阅读和思考。

三 新旧十六字方针和五项基本原则

先看"全面推进依法治国之总目标"。

这段话概括了改革开放三十多年来,法律改革推进到今天，执政者在这个问题上的认识。其中讲依法治国，不但提到法律规范体系，还强调法治实施体系、监督体系和保障体系，力求系统完整。接下来又讲依法治国、依法执政、依法行政三个方面要共同推进，以及坚持法治国家、法治政府、法治社会一体建设。当然，在批判的教条主义者看来，这些是文字游戏。但我觉得，这表明了一种认识，一种比较完整的法治观。表现在文件里面，就是把"社会"这一维度提到了突出的位置上，要让社会本身参与治理。这一点也反映在"总目标"提出的法治的"新十六字方针"——"科学立法、严格执法、公正司法、全民守法"。所谓"新十六字方针"，自然是针对旧十六字方针说的。旧方针，我以前称之为"十六字箴言"，是大家熟悉的，"有法可依，有法必依，执法必严，违法必究"，那么，新十六字方针新在哪里？

首先，"科学立法"。旧说只讲"有法可依"，对要"依"的法本身并没有要求。那是三十多年前（1978年）《中共十一届三中全会公报》里的表述。现在开始强调立法的科学性，所以后面讲立法的时候就有了"良法"的概念。怎么理解"良法"？是不是只有科学性一个标准，这些问题需要讨论，但是这些概念的提出表明，现在必须注重立法的品格和品质。

其次，"严格执法"。这条跟旧版没有区别。

再次，"公正司法"，强调了司法的公正性。如何做到司法公正呢？这就提出了很多问题。司法公正不是一句口号，而是一个目标。实现这个目标，除了考虑法律的内容、程序和效果，也涉及一个社会的文化。只是做到"违法必究"，不一定就实现了司法公正。公正有程序的方面，也有实质的方面，最终要由民众来确认。那么，民众要求的公正是什么样的就是关键所在。在有的法律文化下，法律体系很完备，诉讼程序也比较合理，当事人能够相对充分地表达其诉求，即使最后的判决对自己不利，也能够接受。这样就形成了对司法的信任。但在我们这里，目前要做到司法过程的公开、公正、透明，还不是一件容易的事情；将来即便做到了这一点，在社会效果上是不是能够满足民众的公正观，是一个问题。如果这二者之间有距离，怎么去弥合？是围绕程序正义建立起一种新的法律文化，还是以所谓群众的满意度为标准，来衡量司法公正的实现程度，这都需要探索、思考，慢慢建立起一种共识。其中的困难可想而知。

最后，"全民守法"。我想，这里讲"全民守法"，和三十年前讲"学法、知法、守法"应该有些不同。三十年前和三十年后的社会，非常不一样。这是一个互联网的社会，这样一个社会，在某些方面，甚至十年前的人都很难想象。在这样一个社会里，只是要求人们被动地去守法，变得越来越困难了，但是，让民众主动接受，甚至坚守法律，把法律变成自己拥戴的对象，就必须尊重民众的主体性。这一点至少是隐含在《决定》的一些叙述当中。

总之,"新十六字方针"跟旧说有明显的区别。它吸收了旧说,但是更有针对性,意思也更加丰富。

再来看五项基本原则。

党的领导、从中国实际出发、人民主体地位、法律面前人人平等,看上去是老生常谈,只有一条有新意,就是"依法治国和以德治国相结合"。讲法治的同时又讲德治,几年前就有,但把这种想法列为"社会主义法治"的一条基本原则,大概还是第一次。两年前,我写了一些东西,讨论一百多年前清末建立近代法律制度时的"礼""法"之争。我发现,从那时开始,礼、法就被彻底分开,德治被看成是与法治不相干,甚至是有碍法治的东西。从这个角度看,今天提"依法治国和以德治国相结合"是有一种历史意味的。实际上,大家可能都注意到了,最近一两年,国家领导人在很多场合讲传统文化的重要性,并经常引用古人修身治国的言论,表现出一种继承和运用文化传统的高度自觉。比如讲到应当借鉴的古人治国理政经验,就特别提到"礼法合治,德主刑辅"。之后在对《决定》说明里,也引用了明人张居正和唐人王勃论政的言论。这在中共的历史上还是第一次。不管人们怎么评价这些举动,在我看来,都传递出了一个非常值得重视的信号。这个信号之所以值得重视,是因为它具有多重含义。它当下的政治和法律含义是什么,固然不是很清楚,还有待观察,下面还会谈到。我在这里要提出的,是它的历史含义,这层意义通常不为人们所觉察。

上面提到清末以来礼法关系的变化,这种变化在战国时代也曾发生。这两个时代相距遥远,需要解决的具体问题也大不相同,但有一个共同特点,就是都面临"礼崩乐坏"、旧秩序瓦解的文明危机,都有重建文化秩序的迫切要求。汉代人弥合礼、法,完成了秩序重建的任务。《决定》提出"依法治国和以德治国相结合",还有上面提到的对待中国传统文化态度上的转变,也透露出一种文化自觉。这种自觉,可以被看成中国人必须完成的文化秩序重建的一部分。无论如何,把这些变化放到一个更大的历史流变中去理解,应该是恰当的。历史有自己的轨迹,有它的"看不见的手",时代中的人物、思想、行动,多半不能超出其外。

四 立法、行政和司法

现在看立法这部分。

刚刚我提到了"良法"和"善治",这些都是比较新的提法,它们的含义值得去发掘和讨论。"依宪治国,依宪执政",如此强调宪法的重要性,也很引人注意,但我更注意后面的表述,"一切违反宪法的行为都必须予以追究和纠正",紧接着,下面讲到宪法的监督制度、宪法的解释程序和备案审查制度。其中,备案审查制度的目标或者作用,就是要撤销和纠正所有违反宪法和法律的规范性文件。这些具体的制度更值得注意。

前面我们讲到，不能具体实施的宪法就像没有牙齿的老虎，现在就要让它生出牙齿。关于违宪审查，世界上通行的方式有两种：一种是设立宪法法院，对各种法律进行合宪性审查；另一种不另设宪法法院，而是让普通法院履行合宪性审查的职能。根据中国法律，人大常委会有宪法解释和监督功能，人大里面也设有法律法规备案机构，但是很显然，它们以前没有很好地解决违宪审查问题。十几年前，山东的齐玉苓案轰动一时。这本来是一个因高考录取时当事人被人冒名顶替而引发的民事侵权纠纷，但当时最高人民法院在对山东省高级人民法院的批复里，却引入了《宪法》上规定的公民的受教育权，这在法律学者当中引起了极大的关注，当时很多人认为，这是中国宪法司法化第一案，具有历史意义。这样的解读有点一厢情愿，因为它没有制度上的依据。这个案子也只能是个偶发的个案，没有示范意义，更不用说法律上的约束力了。这些年，学者们对建立中国的违宪审查制度的呼声不断，因为不管怎么样，宪法要成为名副其实的"根本大法"，就必须是可以实施和落实的。在这方面，《决定》迈出的方向是正确的，包括设立"宪法日"和"宪法宣誓制度"，也是这样。我听说，早在半年前，深圳福田区就已经在实行宪法宣誓制度了。这也是改革当中经常看到的现象，很多有生命力的改革都是在基层社会先出现的。实际上，社会的活力总是在基层积蓄和发展起来的。即使国家治理采取精英的方式,精英也是自下而上选拔出来的,所以有一个好的精英选拔渠道,对于提高国家治理水平非常重要,如果门开得不够大,渠道不够多,就会有很多问题。

立法的部分还有很多改革举措值得注意,比如为提高立法质量所作的改革,还有为了防止立法中的"部门利益"和"地方保护主义"采取的措施。过去这些年,立法也强调科学和民主,但是大家都知道,中国的立法有时会受到中央各部委的左右。它们为各自部门争利益,制定出来的法律往往就是这些部门相互博弈和妥协的结果。近年的立法当中,《劳动合同法》也许算是一个例外。因为在立法过程中,有一些外资企业在华商会提交了意见书,社会上民众对这项法律的反应也很热烈,在一个月内反馈的意见有二十多万条;这些,在之前其他法律的制定过程中很少看到。不过,这部法律实施后仍然引发了很多问题,这一点,广东的朋友大概比其他地方的人更容易了解。所以,一项立法怎样变成良法,怎样才叫科学,怎样才能提高可行性,这些都是值得去思考的问题。《决定》提出,为了防止部门利益和地方保护主义的法律化,在一个法律因为有关利益方意见相持不下、迟迟不能出台的时候,就要引入第三方评估来使立法工作顺利展开。

还有一条可以注意,那就是"委托第三方起草法律法规草案"。这种尝试这些年已经有了,比如有一些法律就有学者提供的草案,只不过,这种做法还不普遍,第三方的参与度和影响力也很有限。其实，真的要提高民众对立法的参与度，让立法更好地反映社会需求，还应该更进一步，除了"委托第三方起草法律法规草案"，还要开放更多的渠道，让民众和相关社会组织更好地表达他们的诉求。民国初年订立《商法》，中华总商会就提出了自己的《商法草案》和《立法理由书》。这种传统应该被继承。

最后还有一条很重要，那就是"实现立法和改革决策相衔接，做到重大改革于法有据、立法主动适应改革和经济社会发展需要"。立法和改革，或者说法律与改革的关系，是改革三十多年来非常重大的问题。我们都知道，当年改革刚开始的时候，安徽小岗村的农民订立土地承包合同，十几家人都要按手印，互相承诺有谁因为这件事情被抓，剩下的几家要负责照顾他的家人。为什么会这样？因为他们要做的事情，在当时等于违法，可能被判刑，说不定会有身家性命的危险。今天看来，当年的行为很有象征意义。事实上，改革的每一步大都是在没有法律授权的情况下，突破已有的法律——广义上的法律。私营企业，城市土地使用权转让，农村土地的流转，还有税费方面的很多改革，都是如此。这些没有法律依据，甚至"违法"的改革，通常来自民间，从地方开始，最后被法律甚至是宪法事后追认，变成合法的。几次涉及经济秩序的《宪法修正案》，都是肯定了已经成型并发展壮大的现有秩序，而不是规定在先，为人们提供指引。总之，改革开放的一个突出的现象就是，普通老百姓要追求他们的生活目标，不得不打破很多政策上法律上的限制，结果，由此而产生的社会和经济秩序，就成为一种法外的既成事实。而法律如何在承认它们的合理性的前提下，把它改造、吸纳到合法的秩序之中，就成为推进改革的一个主要工作。今天，这种情况依然存在。但是另一方面，也产生了新的问题。因为经过这么多年的改革和发展，法律制度已经相对完备了，在这种情况下，政府要依法行政，民众也要依法开展经济社会活动。这样，立法同改革决策相衔接的问题就变得重要起来。以后，对于社会中合理但是不合法的现象和行为，应当如何处置，对于不适应社会合理需求的法律法规又应当如何调整，都会是立法和改革过程中非常微妙的问题。《决定》特别提到立法与改革的关系，说明执政者意识到了这个问题的重要性。

　　《决定》的第三部分讲依法行政，法治政府，内容非常多。这里只提两条。一个是"行政机关内部重大决策合法性审查机制"。之前听说有些地方政府在做这方面的尝试，政府决策是否有法律依据，要有一个部门来审查，有些问题不太清楚，还要找外面的法律专家来论证。现在要求依法行政，就应该让这个机制更加完善。还有一条，就是"重大决策终身责任追究制度及责任倒查机制"。这条也很有针对性。过去经常有这样的报道，某个地方领导大搞政绩工程，之后升迁调任，留下一大堆问题让继任者收拾，受害的当然首先是地方社会。《决定》

要求建立这样一个机制,可能就是要解决这类问题。那么,这个制度怎么建立?怎么做才能够有效防止这些问题,同时不挫伤地方政府的积极性?什么样的制度安排是合理的?这些都需要考虑。

司法问题,我比较关心的,首先是如何营造一个好的制度环境,让司法人员能够享有应有的独立性,因为这一条是实现公正司法的前提。《决定》要求"建立领导干部干预司法活动、插手具体案件处理的记录、通报和责任追究制度",防止领导干部干预司法活动。同时,《决定》又要求建立一些制度来保障法官和检察官行使职权时的独立性。在这方面,法治发达的国家有许多经验可以借鉴,像法官的薪酬制度、退休制度、保障制度等。《决定》要求的这些是必要的。《决定》还提到这几年大家议论很多的改革,如设立最高人民法院的巡回法庭,设立跨行政区划的人民法院。这些改革有助于提高司法的效率和公正性,杜绝地方保护,对司法制度的完善也是有帮助的。

在司法部分,《决定》还提出"变立案审查制为立案登记制"。看上去这纯粹是一个技术性的问题,但其实很重要。我们都知道,立案难是一个具有普遍性的问题。法律上明明提供了救济的渠道和方式,但当公民到法院行使诉权的时候,法院——当然,实际上可能是地方政府、党委或者上级法院——出于政治的理由、政策的理由,有时可能是个人的理由,拒不立案,并以这种方式把当事人排斥在法院之外。开始的时候，不立案还有一纸通知；后来很多场合，不立案连一纸文书都没有。这是一种极为恶劣的损害公民权利的情况，不符合法治社会最基本的要求。那么，是不是变立案审查制为立案登记制能够改变这种状况？那也不一定，但这样一个最初始环节上的改变也不是可有可无的，法治的实现必须从一点一滴做起。

五 "全民守法"

第五部分的主题是"全民守法"。

第一段就很吸引人，"法律的权威源自人民的内心拥护和真诚信仰"。"信仰"这两个字，提出了一个极高的目标。对一个宗教的信徒，也可以提出信仰要求；但要求人民信仰法律，根据是什么？又如何做到？看到这样的表述，我们马上会想到，要求一个人发自内心地拥护法律、信仰法律，首先必须把被要求者视为道德主体；其次要尊重这个道德主体，要了解他的梦想是什么，希望是什么，要为他提供实现梦想和希望的有效途径。总之，"使全体人民都成为社会主义法治的忠实崇尚者、自觉遵守者、坚定捍卫者"，这是非常高的要求，而要达到这个目标，执政者首先要对自己提出同样高甚至更高的要求。

这部分还提到"市民公约、乡规民约、行业规章、团体章程等社会规范在社会治理中的积极作用",要求"发挥人民团体和社会组织在法治社会建设中的积极作用"。从法律社会学的立场上看,俱乐部的规则、学校的纪律、民间社团内部的规章,是一个社会规范系统中的重要部分。《决定》把这些也视为法治的有机组成部分,说明官方对法治的认识比以前提高了很多。因为,法治秩序实际上由多个复杂的规范系统构成,如果这些规范系统之间的相容性高,这个社会就会比较稳定,否则,社会矛盾和冲突就在所难免,同时生活在不同规范系统中的公民也会面临困难的选择。所以,处理好这些关系是很重要的。还有一点值得注意。那就是这段话的前面有一个限定语:"依法治理"。依什么法?当然是依国家法律。原则上,这应该没有问题。但我们可能会问,强调依法治理,给"市民公约、乡规民约、行业规章、团体章程"还有"社会组织"留下的空间有多大?我们过去很看重调解,但又强调要依法调解,实际上给社会组织留下的空间是很小的。如果法律规定细致而严苛,没有给社会自主生长和自我管理留下多少空间,真正的社会组织就无法成长和成熟,社会发展不起来,又怎么参与法治建设,发挥积极作用呢?我们看到,过去很多乡规民约、市民公约,要么空洞无物,要么规定的事情无关紧要,这些组织和规范,其实都可有可无。这涉及一个更大的问题,就是市民社会的发展。其实,传统讲民间,民间就是社会,就是各种各样的人生活于其中,追求自己的利益、梦想的空间。它不一定是对立于官的，但它一定是非官的。中国历史上，民间社会一直很发达，有各式各样的组织。改革以后，民间社会有恢复，但还很不够。比如现在的很多所谓民间团体，其实是官办或者半官方的，尤其是到"中国"这一级。这种协会不是民间的，不是社会的一部分，而是政府的延伸。这不利于社会发展，会扼杀社会的生机，从而健康的社会肌体难以生长，宝贵的精神和社会资源被大量地浪费，社会需求无法得到满足。

这部分还有一项内容特别值得注意，那就是法律与道德的关系。《决定》要求"弘扬中华优秀传统文化，增强法治的道德底蕴"，"弘扬公序良俗，发挥法治在解决道德领域突出问题中的作用"。这些要求显然是对前面提到的法治与德治相结合原则的呼应。不过，落实到实际生活中，尤其是法院的判决里面，究竟怎么做才算妥当，肯定不那么简单。前几年成都一个涉及公序良俗的案子，引起舆论和学界很大的关注和争论。案情大致是这样的：一个男子在合法的婚姻之外，维持了一个婚外同居关系，并把和他有关的大部分财产遗赠给同居女子，后来，这名男子因病身亡，该女子要求执行遗嘱不成，引发诉讼。法院审理的结果是宣布遗嘱无效，判决的理由，就包括了公序良俗一项。这个判决显然顺应一部分社会舆论，但在法学界几乎得不到支持。在一般法律人看来，法律跟道德是两回事，讲法治不必讲道德，更不用说德治了。反过来，讲德治，一定是对法治的破坏。这种看法，根据前面的讨论，恐怕太过简单和偏狭。《决定》的这些表达的实际含义因此还需要慢慢厘清。比如,"发挥法治在解决道德领域突出问题中的作用"是什么意思?如何实现?怎么去判别和适用公序良俗?如何在法律活动中维护传统的道德观念和价值,同时不减损法律的价值?怎么去协调法律与道德的关系?这些问题没有现成的答案,需要在实践中反复探索,在理论上深入思考。

〔本稿系作者 2014 年 11 月 17 日在深圳市司法局所作同名报告的记录稿〕

法治:社会转型时期的制度建构

——对中国法律现代化运动的一个内在观察

一 "法治",一种新的意识形态?

1980年代以来,中国社会经历了一系列急剧的有时是戏剧性的变化,其中,在"社会主义法制建设"名目之下,法律在国家政治生活中作用的改变,法律向社会生活诸多领域的渗透,以及,法律话语在知识阶层乃至一般民众当中的传布,尤为引人瞩目。不久前,中共领导人再次提出"依法治国"和"建设社会主义法治国家"的口号,[1]从而开启了又一轮的"法律热"。作为一种主导话语的"法治",似乎正在成为一种新的意识形态。

当然,人们所谈论"法治",其含义不尽相同。官方的"法治"论说,特别突出"社会主义"这一限定语,"社会主义法治"的提法同时也被用来抵抗"法治"理论的普遍主义诉求,这时,"法治"又被冠以"中国特色"一词,用以区别于主要是源于西方社会的法治理论和实践。这些用语和区分也反映在法律学者的论说当中,并且将学者的立场区分开来。他们中有些人亦步亦趋地为官方的主张(各种"提法")提供理论依据,也有人同时把这种主张当作党同伐异的武器。另一些人循着"法治"(The rule of law)与"人治"(The rule of man)的界分,进一步区别"法治"(Rule of law)与"法制"(Rule by law)这两种概念,并在此基础上阐述其法治理论。还有些人从自由主义的理念出发,主张跨文化和超时空的普遍价值,并把这些价值视为"法治"和"立宪"的道德基础。不过,由于存在某些共同的和未经反省的前提和预设,这些不同论说之间的对立未必像表面那样显著。

首先,有关"法治"的论说基本上是在一种浓厚的政治氛围当中,并且主要是围绕着现实的政治运作发展起来的,其结果,对于"法治"问题的思考常常被限制在表层政治的层面,其中可能涉及的理论问题则多被忽略。[2] 其次,由于法治论说与政治论说之间的密切联系,也由于1980年代以前的全能政治影响犹在,一个与国家制度建设和政治权力运作有着密切关联的"法治"事业就被赋予了特殊的重要性,它被期待解决的不仅是政治问题和经济问题,而且包括这个时代所有重要的社会问题。这种期盼与信念,在流行的所谓"法治的时代"这一口号里得到恰当的表达。[3] 最后,也是最重要的,在一种单线的和化约式的思想和表述方式中,"法治",作为"现代化"事业的一部分,社会"进步"的一项伟大工程,[4] 不仅是可欲的,而且是必然的,其本身的正当性不证自明,而在这一"现代"取代"传统","进步"战胜"落后"的历史进程中,国家居于领导核心,负责整个"法治"工程的规划和实施,知识分子则担任着不仅是启蒙民众而且(在可能的情况下和以不同方式)教导统治者的重要角色。这些看法和信念,即使没有全部为"法治"的鼓吹者们明白而自觉地主张,至少或多或少地存在于他们的潜意识当中,支配着他们的言行。然而,正是这些基本预设,这些本身未经认真反省的看法和主张,使人们在一些重大问题上失去了提问的能力。着眼于这一点,我们可以说,"法治"正在成为我们这个时代的意识形态。[5]

指出当代中国"法治"论说的意识形态性色彩,并不是要拒绝法治的理念,否定法治理论与实践对于中国社会发展可能具有的意义,相反,这样做的目的是要对"法治"理念本身进行理性的和批评性的检视,通过把"法治"理论置于中国特定的历史、文化和社会情境中加以反思,重新认识其历史的和现实的意义,进一步确定其性质、力量和限度。从这样的立场出发,本文将不把法治的诉求视为当然,而是要问:在中国,作为一项历史性要求的法治是如何发生的?推行法治要解决的问题是什么?法治的价值何在?实现法治的途径是什么?通过谁来实现法治?什么样的法治?它会给什么人带来好处?什么样的好处?以及,法治应当被视为目的还是手段?法治的正当性何在?等等。显然,这些问题远非通过理论推演或者概念梳理所能够回答，而需要引入诸如历史、文化、传统这类与特定社会情态有关的因素，这样，我们便不可避免地引入了所谓"内在视角"。

"内在视角"

本文所谓内在视角至少包含三重含义。首先，它要求我们从一个社会的内部去看问题，要求我们了解这个社会的发展脉络，尤其是这个社会在其漫长历史中经常遇到并且感到困扰的种种问题，看这些问题与法治诉求之间有或可能有什么样的联系。其次，因为强调社会发展内在脉络的重要性，我们便不可避免要重新审视传统与现代的关系，既不简单把"传统"视为"现代"的对立物而予以否弃，也不把任何名为现代性的事业都看成对传统观念、制度的全面剔除和取代。为此，我们需要有一种长时段的历史的眼光，不只是从现代看过去，也学会由过去看现在。最后，但绝不是最不重要的，内在视角还要求我们改变以往所习惯的自上而下看问题的方式，尝试着自下而上地了解和看待这个世界。因为，法治所涉及的既不只是社会的上层，也不是社会中的少数人。法治是一项宏大的事业，它影响到无以计数的普通人的生活，也会因为这些普通人的活动、努力和追求而受到影响和改变。

强调和主张所谓内在视角，并不意味着无视或者否认中国现代性事业中外部因素的存在，甚至也不意味着试图降低这些外部因素的重要性。这种主张首先是基于这样一种基本的信念,即任何一种现代性事业都只有在一个社会的历史、文化和日常经验中扎下根来才可能血肉丰满地存活下来。无论自由主义、立宪主义,还是法治、民主,除非中国的民众自己感到了对它们的需要并且为之奋斗,谈论这些观念、学说和理论是没有意义的。由这一信念出发,我们就会把注意力集中在中国社会本身,并且追问,中国社会为什么需要法治?中国需要什么样的法治?这时,外部因素并没有被忽略,而是被置于所谓内在的视角中加以理解和叙述。

显然,这里涉及的问题相当复杂和微妙。比如,就本文所讨论的主题而言,外部因素所起的作用是怎样的,应当如何估价?在所谓内在视角中,外部因素与社会发展的内在脉络是怎样结合起来的?它们之间的关系应当如何来把握?等等。对于这些问题,我将在本文适当的地方给予讨论,但是,在此之前需要强调的是,内在视角并不预设任何一种形式的二元对立,无论是东方与西方的对立还是内部与外部的对立,也无论这种对立中的一方被看成好的还是坏的,纯洁的还是邪恶的。同样,内在视角并不预设某种认识论上的优势,按照族群或者文化来划分观点或者观点的正确性。主张内在视角旨在强调问题的内在性,它所针对的,是那些忽略了问题内在性的外在视角,后者可以采取各式各样的形式,比如,把中国今天正在开展的法治事业主要视为某种外部要求的产物,它可以是对国际社会压力的某种反应,也可以表现为对外国投资者要求的满足;又比如,把法治看成国家加于社会、知识精英加于民众的东西,或者,某种社会发展规律或历史必然性的显现。持这类看法的人可以是中国人,也可以是任何其他国家的人;他们可以是商人、律师、官员,也可以是学者。而无论什么人,只要持外在视角去了解和看待中国的法治,他们的看法都很容易脱离社会现实,并且程度不同地忽略那些有价值的和应当注意的问题。

要从内在视角出发回答上面提出的问题,首先须要确定适合于本文讨论目的的分析性的法治概念,这种法治概念应当既不脱离人类已有的法治理论和实践,又能够在中国社会内部找到其根据。其次,通过回顾中国近代以来的法律现代化运动,我们可能发现一些线索,它可以帮助我们了解这场运动的背景和原因,尤其是可能通过引入和建立现代法律制度来解决的问题。这些问题,就其产生和存在于社会内部这一点看,可以说是"固有"的,而就它们可能通过引入现代法律制度和原则来加以解决这一点来说,它们又是现代的。这样,我们就在"传统"与"现代"之间建立起某种重要的和内在的联系。又其次,同为现代性事业的一部分,(现代民族)国家建设是与法律现代化运动平行且密切相关的另一主题,值得我们特别注意。实际上,国家与社会、国家与法律以及国家与个人之间的动态关系既是我们理解中国法律现代化运动的重要方面,也是中国当代法治发展的关键所在。最后，我们将讨论法治的合法性问题。这个问题将使我们进一步探究"法治"在近代以来中国社会发展大背景中的位置，探究和说明法治与其他重要政治制度如民主之间的微妙关系。

二　法治的两种概念

这一节讨论法治的概念，其旨趣有二：了解"法治"的一般含义；确定进一步讨论的参照框架。

讨论"法治"概念的一般含义，并不预先假定存在所有人都同意的"法治"定义或理论，而是基于这样一种考虑，即现有的"法治"理论和实践，无论其渊源所自，业已成为人类的一种共同遗产，以致我们既不可能孤立地看待比如中国社会正在推行的"法治"，也不可能脱离已有的各种"法治"理论去讨论"法治"的概念。然而，这并不意味着下面的讨论必须全面细致地考察所有这些既有理论。系统地描述和分析现有的各种"法治"理论无疑是一项极有价值的学术工作，但那不是本文的目的。本文对于"法治"概念的兴趣，毋宁说是策略性的。换句话说，本文的兴趣，主要不在"法治"概念本身，而在其帮助我们了解和说明现实的力量，在于这些概念与我们所关心的问题之间的适当联系。

根据其字面义，所谓法治，即是相对于"人治"（Rule of

men）的"法律之治"（Rule of law，或者，Governance of law）。前者意味着专断和任性，后者则力图确立某种非人格的统治，以去除人性中固有的弱点。亚里士多德视法律为没有情感的理性，就是着眼于这种区别。[6] 然而，法律之治并不能在人的参与之外自动实现，反之，"人治"也并不排斥法律的运用。因此，人治与法治的区别与其说在于法律之有无，不如说在法律之运用方式。[7] 换言之，"法治"包含了一些基本原则，正是这些基本原则使之成为区别于"人治"的另一种秩序类型。那么，法治究竟包含哪些基本原则，它的主要内容都是什么？对于这些问题，人们的看法不尽相同。有人把确保个人权利视为法治的核心，还有人认为法治必须体现比如平等、实体上的公正一类价值。换言之，他们都强调法治中的"法"，把"善法""良法"或曰"公正的法律体系"视为实现法治的前提。[8] 本文称之为实质性的法治理论。另一些人的看法与之相左，他们更强调程序公正或者形式正义的重要性，认为这些就是法治的基本内容，尽管这些人同样信奉自由主义原则，也同样推重自由民主制度和价值。[9] 这就是所谓程序性的或者形式化的法治理论。[10] 本文倾向于后一种法治理论，并试图在这种理论的基础上确定本文所使用的法治概念。[11] 不过，在开始仔细审视和讨论这种法治理论之前，似乎有必要先简略地讨论一下前一种法治理论，说明本文不采用这种理论的理由。

实质性的法治概念

1959年在印度新德里召开的国际法学家大会讨论了法治问题，并在其报告的第一条中宣布："在一个自由的社会里，奉行法治（the Rule of Law）的立法机构的职责是要创造和保持那些维护基于个人的人类尊严的条件，这种尊严不仅要求承认个人之公民权利与政治权利，而且要求促成对于充分发展其人格乃是必要的各种社会的、经济的、教育的和文化的条件。"[12] 显然，这是一个极具现代意味和规范性的法治概念，它不但坚持依法行使权力的原则，也不仅张扬个人自由与尊严，而且对实现这些原则和价值的政治、经济、社会、文化、教育条件提出了一系列积极要求。没有理由认为这些主张和要求与本文下面将要讨论的法治理论无关，也没有理由认为它们与中国今天正在进行的法治实践无关，尽管如此，基于下面要提到的理由，本文宁愿采取一种更加"保守"的法治概念。

首先，这种法治理论包含了太多的内容，尤其是它强调了善法或者良法的重要性，而不可避免地引发大量涉及道德哲学和伦理学的论争，这些论争一方面很难在短时期内达成共识或得出令人满意的结果，另一方面却可能使人们无法将注意力集中到实行法治所涉及的一些更基本的问题上。在中国，这种可能因为另外两种情形而愈加凸现。其一，传统上，人们因为过分地注重所谓实质正义，常常倾向于超出法律去考虑正义问题，或者把法律与道德混为一谈，或者把法律语言翻译成道德语言，结果很容易忽视程序正义以及围绕程序正义建立的合理的制度。[13]这种情形即使在今天仍然甚为突出，并使得在整个社会中建立起对程序和对实证法本身的尊重困难重重。其二，大体上，人们习惯于笼统含混地思考问题，而较少细致地去划分目标、阶段，区分不同的制度功能，确定它们之间的复杂联系等。在过去的一百年里，中国人尝试过许多不同的"救国"和"治国"方案，这些方案大多具有某种总体性特征，并且极易于变成意识形态、教条或者标语、口号。正如上面已经指出的那样，中国今天的"法治"正在遭受这样的命运。

其次，指出并且强调当代法治所欲保护和促进的诸多基本价值，对于一个正致力于建立法治的社会来说无疑是非常有意义的。但是，中国今天面临的最急迫也是最难解决的问题，与其说是重修宪法和法律，写进去更多更好的条款，不如说是通过一系列制度性安排和创造一种可能的社会环境，使业已载入宪法和法律的那些基本价值、原则逐步得到实现。[14]后一种任务，正是我们下面要讨论的法治理论的核心。由这一点，我们也可以发现，一个内容相对有限的和"保守"的法治概念并不意味着一个容易实现的目标，也绝不是一个法律与社会发展的低标准。

又其次，现代社会中，人权的保障与个人自由的实现，无不与国家[15]在提供相应政治、经济、社会和文化条件方面所做的努力和取得的成就有关，但在另一方面，国家对于社会资源控制力的增加，尤其是行政权力的迅速膨胀，转而成为对法治的一种威胁。这种情形早已引起法治理论家们的严重不安和关注。在中国，人们因为不完全相同的原因遭遇到类似但又严重得多的问题。在此情形之下，如何减少普通公民对国家的依赖，如何通过法律去规范行政权力，如何在法治原则的基础上建立一个有限的政府，这些问题恐怕比对政府提出积极有为的要求更来得急迫和重要。

再其次，一个具有很强规范性的法治概念可能有助于人们评判现行法律和设计未来的制度，但却无益于人们描述和比较在巨大时空范围内展开的不同制度设计和制度实践，而有可能造成不同时代之间或者不同文化之间对话上的障碍。简而言之，这样的法治概念不大适宜于本文所谓的"内在视角"。

最后，实现正义固然是法律的一个重要目标，但却不是它唯一的目标。现代社会生活的复杂性，对法律提出了许多不同类型的要求。同时，面对这种复杂性，法律也表现出其不可避免的局限性。换言之，现代社会中的法律既不是只有一种使命和职能，也不是无所不在，无所不能。如何认识法律在现代社会中的功能、力量与限度，了解中国社会今天正在建立的法律制度对于这个社会和生活于其中的人民可能具有什么样的意义，是每一个法治论者都必须关注的问题。

自然，不取上述实质化的法治概念和理论，并不意味着经由法治所实现的社会价值不重要，也不意味着我们无须或者可以不考虑这些价值。毋宁说，我们是把这些问题放在一个更大也更复杂的制度框架中来考虑，并在其中思考和确定中国当代"法治"可能具有的边界。

程序性的法治概念

与实质性的法治理论相比，形式化的法治理论也不乏拥护者，尽管他们彼此之间也存在许多意见分歧。这里，我们可以提到两种渊源不同的法治理论，它们不仅出发点不同，用力的方向也不同，但是耐人寻味的是，它们所列举的"法治"的基本原则大体相同。

在《法律的道德性》中，Lon Fuller 标举出法律的八种基本特征或原则，具体言之，法律具有一般性和公开性，法律不溯及既往，法律规定清晰明了，法律不自相矛盾，法律不要求不可能之事，法律具有稳定性，官员所为与公布的规则相一致。这八种特征或者原则构成了 Fuller 所谓"法律的内在道德"，违背了这些原则中的任何一项，在他看来，都不只是导致法律的不完善，而是使得整个法律体系名实不副。[16]

与这种强调法律与道德之间的内在联系，根据某种道德标准来理解法律的自然法传统不同，法律实证主义注重的是法律与道德的分野，它所提出的法律概念并不以道德考虑为前提。在谈论法治原则时，法律实证主义者注意的依然不是道德因素，而是法律本身的职能。比如，Joseph Raz 只是根据"法治"（The rule of law）概念的字面含义，去推论法治的基本原则。他指出，"法治"一词有两种含义：第一，人们应当受法律统制并且遵从法律；第二，法律应当安排得让人们能够依法行事。[17]然而，法律必须具备什么样的品格才能够实现其指导人们行为的职能呢？在 Raz 看来，至少（1）所有法律都应该公布于众，且不应溯及既往；（2）法律应保持相对稳定；（3）具体法律的制定应当遵循公开、稳定、清晰和一般性的规则；（4）必须确保司法独立；（5）自然正义诸原则必须得到遵守；（6）法院应对立法及行政活动拥有审查权；（7）诉讼应当易行；（8）遏止犯罪机构所拥有的自由裁量权不得侵蚀法律。[18]

比较上面两组原则，二者之间的类同可以说一目了然。这部分是因为，两位法学家都在法律与法律所要实现的目标之间做出了区分。Fuller 强调，他力图阐明的法律概念是程序性的，即它不涉法律规则的实质目标。[19]Raz 也明确指出，他提出的法治理论是形式化的，它区分了法治同法治所保障的价值，并且把注意力集中于法治本身。这种共同倾向，使它们面对有时是同样的批评。有人认为，程序性或者形式化法治理论的问题是，它们的原则过于宽泛，以致在自由民主社会之外，也可以为其他政治形式所用。[20]Raz 显然乐于承认这一点，他明确说，"法治"并不是自由民主社会特有的制度。相反，一种非民主的法律制度，或者一种建立在种族隔离和性别歧视基础上的法律制度，在满足"法治"的要求方面可以不输于任何一个自由民主社会中的法律制度,尽管这并不意味着前者比后者更好。[21] 之所以如此,是因为法治仅仅是法律的内在价值或优长,就好比"锋利"(的特性)之于刀。锋利的刀就是"好"刀。[22] 刀之好坏与刀之用途的好坏被看成是截然不同的两件事。

问题是,区分法律的内在优长与法律所要实现的外在价值是一回事,在什么地方划定二者的界线是另一回事。对Fuller这样的法学家来说,Raz的"法治工具论"是无法接受的。尽管其法律概念是程序性的,尽管其法治原则与Raz阐明的原则相去不远,他所关注的却是法律的道德性。在他看来,法治绝不只是一把可以被用于各种不同目的的锋利的"刀"。法治所具有的内在道德价值,限制了它的使用范围。比如,他认为,根据种族标准制定的法律就无法满足法律内在道德性的要求。[23] 更重要的是,即使是程序性的法治理论也包含了某种特定的人论,即假定人是能够理解和遵守规则,并且能为自己的行为负责的、具有个体尊严的能动主体。[24] 总之,在阐述了基本上相同的法治原则之后,两种不同的法律学传统转向了完全不同的方向。这种歧异对我们可能具有什么样的意义呢?

把上面两种理论置于中国历史、文化语境,我们很容易在其显而易见的共同性之外发现一些未经言明的共同预设。比如,当Raz谈到司法对立法和行政的审查权时,他已经假定了某种把这些活动区分开来的原则，而这个原则对中国政治和法律传统来说是相当陌生的。同样被他列为法治原则的"司法独立"则更是如此。尽管 Raz 力图将其法治概念尽可能广地推及历史上所有法律制度，但他所阐明的法治原则却在很大程度上是建立在现代法律制度的实践基础之上的。

John Finnis，当代另一位重要的自然法理论家，正确地指出，法治（及其原则）并不只是一些规则和条目，它还涉及一系列复杂的过程与制度。比如，只是把官方制定的各种规则、决定、先例等印刷公布，并不足以实现法律公布（公开）这一原则，后者还要求有职业律师的存在，他们的职责就是通晓法律，而且能够在没有特别困难且不要求过高收费的情况下为所有当事人提供服务。Finnis 提到的他认为业已经历史经验证明的法治的制度还包括：司法独立，法院程序公开，法院对其他政府活动的审查权，法院对包括穷人在内的所有人开放并且容易进入。这样，法治（The Rule of Law）就与法律规则（a rule of law）区别开来。授权一个暴君为所欲为的规则可以是一条法律规则，一部宪法（a constitution），但它们肯定背离了法治和宪政（constitutional government）。[25]Finnis 并没有另外阐发一套法治原则，而是接受和采纳了已经 Fuller 甚至 Raz 阐明的原则，但他有力地证明了下面这一点，即法治，作为一种特殊秩序类型，不仅仅是法律的内在优长（virtue），而且也是人类交往的一种善德（virtue）。通过限制专断的权力，使之服从法律统制，通过把确定性、可预测性等引入社会生活，法治让每一个个人成为他们自己，也就是说，成为能为自己行为负责的、拥有自主和尊严的个人。[26]

本文采用的分析性概念

显然，上述不同法治理论之间的共同点比理论家本人愿意承认的更多。这一点并不奇怪，因为所有这些理论实际上是同一历史文化的产物。它们出于同样的经验，有同样的制度基础和实践背景，甚至，它们出于同一种思想传统，即西方近代自由主义政治和法律传统。[27]因此，如果不是要深入上述理论之间的歧异与论争，我们可以满足于已经指出的二者之间的若干共同点：一种程序性或者形式化的法治概念，法治的若干基本原则，对法治的某种制度性理解和阐述，以及，法治与其他一些基本价值之间这样那样的联系，然后，在此基础之上考虑适合于本文的分析性概念。这样做的恰当性乃是基于这样一种考虑，首先，程序性或者形式化的法治概念把注意力集中于作为规则系统的法律本身，不失为对法律理论与实践的精辟总结，因此，尽管这是一个有争议的法治概念，但是它所阐述的基本原则却是其他政治和法律理论在讨论法治问题时无法回避的；其次，由于其形式化特征，这样的法治概念在被应用于具有不同历史、文化背景的社会时（在这里是中国），既能够保持其基本意蕴，又能够对这些特定社会的历史背景和发展状况给予适当的考虑，并为法律和社会发展的多样性留出空间；再次，通过对法治与法治所实现的社会价值之间关系的适当区分，人们有可能一方面理性地了解法治的基本原则以及法治的限度，避免对法治的盲信，另一方面又不忘记赋予法律制度特殊重要性的人类欲求。

总结起来说，第一，我们将把法治理解为一套原则，它们包括 Fuller 和 Raz 列举的原则但不仅仅限于这些原则，比如，它也可以包括这样的原则：法律至上；法律面前人人平等；法律没有禁止的就是人们可以做的；法律上没有明确规定的行为不得被视为过犯而受到惩罚。第二，我们也把法治理解为围绕这些原则建立起来的一系列制度，一种人们能够据以规划其长久生活、因而使人类生活变得可以预见和可以控制的制度框架，构成这一套制度的不只是相对完整的法律典章和立法和司法体系，而且包括与之相配合的法律职业和法律教育，包括法律职业群体的职业素养，也包括使得一般当事人可以并且易于利用来实现其诉权的一系列程序和法律服务设施。第三，我们还把法治理解为一种特殊的社会组织形式，一种特殊的秩序模式，它不但要限制专断的政治权力，促成统治者与被统治者之间某种可以预期的和稳定的互动关系，而且要使一般社会生活的重要领域受规则的统制，以这种方式建立起法律的统治；最后，我们还把法治理解为一种生活实践和认知过程，它与人们对法律的经验、看法和态度有关，与某种特定的法律信念和法律文化样式有关。

根据上述理解,不但法律过程与道德诉求被小心地加以区分,而且整个法律世界都被从日常生活的自然世界中区分出来。这样一个人为构造的理性世界并不只是一些实质性规范的集合,毋宁说,它是由大量程序性规则和制度构造出来的理性空间,在这里,人们可以一种人为的和理性的方式来处理日常生活中繁复多变的关系和冲突。[28] 不仅如此,即使不能得到令人满意的结果,在通常情况下,人们仍然尊重和服从法律的权威,视之为冲突解决的最后途径。[29] 这样理解的法治与人类交往和社会生活的一些基本价值有着内在关联,其中最核心的价值即是通过法律所实现的自由,不仅是经济上的自由,[30] 而且是政治上的自由。[31]

在下面的讨论中,我们将会发现,这样一种法治概念不但在当代中国社会仍然有意义,而且可以被用来了解传统及其与现代社会之间的联系。换句话说,它既能够说明制度变迁,又能够说明社会发展的连续性。更重要的是,在其含义宽泛足以包容和说明不同社会和不同历史时期法律实践的同时,它仍然不失其内在价值,并因此而保有对过去和现在不同法律制度的评判力。当然,正如上面已经指出的那样,本文所引述的有关法治的论说,不但都建立在现代法律制度的实践基础之上,而且同出于近代自由主义传统,其中隐含了一套有关个人、社会与国家关系的假定,一些关于法律在现代社会中的作用、法律秩序的性质的预设，等等。这意味着，在把这样一种法治概念带入对中国社会历史与现实问题的分析中时，我们必须考虑到它的复杂性、多面性和特定历史背景，只有这样，我们才可能恰当地了解中国的法律现代化运动，了解中国的法治实践及其历史意义。自然，这种了解同时也将加深和丰富我们对于法治理念本身的理解。

三 移植的法治？

主张从内在视角去理解中国的法治，自然要把眼光集中在中国社会内部的发展上面，但是一旦这样做，我们便不可避免地面临某种窘境。因为我们所说的法治，并没有从中国传统社会内部发展出来，相反，它可以被恰当地视为文化移植的产物，不仅如此，从西方社会引进现代法律制度和法治理念，最初甚至是一种迫不得已的选择。确切地说，当初清廷决定学习、引进西洋法律，革新中国政教法制，首先是为了取消西方列强在华的领事裁判权及其他不平等条约。问题是，在那些最初的动因消失之后，中国并没有回到传统的法制中去。尤其耐人寻味的是，一方面，通过移植方式（至少最初如此）在中国建立现代法制和推进法治，这件事本身始终困难重重；另一方面，在过去一百年里，中国人并非自始至终地致力于法治事业，而是在社会与法律发展方面进行了大胆甚至鲁莽的实验。

但是最终，正如我们所见，对现代法制的要求，对法治理念的诉求，重又在中国社会扎根，取得了不容置疑的合法性地位。显然，这些变化不能只根据或者主要由社会的外部因素来解释。而要从内在方面解释这些变化，最好的办法是先对中国的法律现代化运动作一个简单的回顾。

大体上说，现代法律制度在中国的建立经历了两个阶段，第一个阶段是从20世纪初到40年代，持续四十余年，第二个阶段由80年代始，至今也有将近二十年时间。与这两个阶段相对应，有两次引介和学习西方法律制度（及思想）的热潮，也有两次大规模的国家立法运动。不过，就在这两个阶段之中和之间，中国社会经历了不止一次和不止一种革命：传统的帝制为共和国所取代，现代资本主义的发展被共产主义实践所代替。因此，人们有理由问，中国社会所经历的这些变化究竟有什么意义？它们对于上述两个阶段的法律改革有什么影响？如果假定这些社会变化具有重大意义，那是否意味着不同阶段的法律改革也相应地具有不同意义，应当分别地加以考虑和评估？或者，所有这些社会和法律的变革都只是同一历史进程的一部分，其意义应当置于某种统一框架内来了解？

对这些问题的回答，将使得我们不再只关注历史上那些轰轰烈烈的变革时代，不再只注意那些引人瞩目的改革家、立法者、政治宣言、法律典籍，而且注意变革以前沉寂的年代，探究导致变革的远因。而一旦这样做，我们就不难发现，清末法律改革的原因远不似表面看上去那样单纯，当代中国的法制工程也不简单是政治变革和经济改革的副产品，而且，在表面的断裂和脱节之下，这些时代不同背景不同内容不同的法律运动之间实际存在某种深刻的内在联系。

清末的法律改革

中国现代法律制度的建立始于清末，但是，清末的法律改革实际上只是一系列制度变革尝试中的一环。早在法律变革之先，清廷已经做了一系列改革的尝试，其中包括著名的洋务运动和戊戌变法。前者意在学习西方的科学技术，用以富国强兵；后者的目标是君主立宪，建立现代国家体制。从这里到全面引进西方法律政制，有一个政治与社会变革逐步扩大和深入、人们对外部世界的了解和判断也逐渐变化的过程，而这同时，也是一个中国社会内部危机不断加深的过程。当时，这些社会危机首先和直接地表现在19世纪中叶以降的一系列军事失败上面。最初是在对英国的两次鸦片战争中战败，然后是在与法、俄、荷、葡等其他西方国家的冲突中一再失利，结果导致一系列不平等条约的签订。起初，中国人把这些失败主要归结为双方在军事手段和技术力量方面差距悬殊这一事实（"船坚炮利"），因此把学习西方科学技术（"声光电气"）视为改变劣势和因应危机的有效途径。然而，1895年对日战争的失败使一些人不再相信这种策略的有效性。人们开始意识到，中国的问题不可能单凭技术改进来解决，还必须有国家组织的改造，社会制度的变革。这一想法直接导致了1898年的戊戌变法，一场以改变国家与社会制度为主要目标的改革。

从政治角度看，这次变法的失败和它的兴起一样迅即，但它在历史上留下的印记却不可磨灭。因为它提出的兴民权、立宪法、开议院这些主张，表明了一种通过吸收外来资源改造传统国家体制和构造新式国家的努力，而这样一种努力显然没有因为其政治上的失败而止息。就在戊戌变法失败四年之后，光绪皇帝下诏任命修订法律大臣，实施全面的法律改革，其内容包括设立修订法律馆，开设新式法律学校，译介西洋法律典籍，制定西式法典，新法当中，有两部是宪法性文件，即《钦定宪法大纲》(1908)和《重大信条十九条》(1911)，这两部法律虽然距现代式样的宪法尚远，却可以被视为中国近代史上成文宪法的开端。

接下来的故事也是人们耳熟能详的。就在《重大信条十九条》颁布的同一年，爆发了以推翻帝制建立共和为目标的辛亥革命；八年以后，新文化运动兴起，政治批判扩大为社会批判、文化批判，对国家制度和社会制度的检讨变成对"国民性"的反思。"传统"与"现代"之间的分裂和对立日益突显。把清末的法律改革和继起的国家立法运动置于这一背景下考虑，其中所包含的取消西方列强在华领事裁判权的动机就变得不那么重要了。因为归根结底，这场改革只是19世纪以降中国人试图解决其面临危机的努力的一部分，是传统中国向现代社会转变过程中不得不迈出的重要一步。

要从内在方面去了解中国现代法律制度的建立，重述这段众所周知的历史虽然必要，但又是不够的。因为它仍然容易使人产生一种错觉，以为中国现代法律制度的建立，只是回应某种外部挑战的结果，在这样的意义上，这套制度还是可以被看成是外部力量强加于中国社会的东西，与中国在同西方文明相遇以前社会发展的内在逻辑和要求无关。这种看法的危险在于，由于把这段历史变成仅仅是中国对外关系史的一部分，它可能忽略中国社会自身的问题和要求，因此既不能真正了解中国社会，也不能充分了解制度移植在中国社会中可能具有的意义。

在其最近出版的一本新书里，De Bary 教授特别讨论了中国历史上的立宪主义传统，他把这种传统的起源一直追溯到中华帝国早期，并着重描述和分析了宋（960—1279）、明（1368—1644）及晚清时期立宪思想的发展。[32]中国历史上究竟有无所谓立宪主义的理念和思想，或者，我们到底可以在什么意义上谈论中国历史上的立宪主义，这些问题并非没有争议，不过，在进一步讨论这些问题之前，至少可以指出这一事实，即我们现在所谈的立宪主义或者晚清开始的中国近代立宪主义运动试图解决的某些基本问题，比如政治权力的合理分配与合法行使，权力之间的适度平衡，以及，对统治者任性专断的适当限制等，对于古代中国人来说并不是全然陌生的东西，相反，在长期的政治实践当中，他们发展出了一套观念和制度以解决这些问题，但是显然，即使在遭遇到强有力的外部挑战之前，这套观念和制度也并不是足够有效，足以解决它们所面对的严重问题。而实际上，到了19世纪下半叶，由于社会内部的变迁和外部世界的改变，这些问题变得更加严重，传统的解决问题的手段也显得更加不敷应用。就此而言，外部环境的变化未尝不可以被理解为一个契机，一种通过新的选择来解决既有问题的可能性。这里，如果我们不是把中国近代历史描写成对外关系史的一部分，而是相反，把后者视为前者的一部分，肯定更加恰当。

循着这样的思路，我们可以发现其他一些同样（如果不是更加）具有说服力的事例，它们揭示出的社会问题更具普遍性，更加日常化，以致不易为现代研究者所注意。

在清代社会的诸多变化当中，人口增长也许是最引人注意和最重要的一项变化。由于种种原因，中国历史上的人口长期保持在6000万以内。由宋至明，人口最多时达到1亿左右，而在清初两百多年的时间里，人口竟增长至4亿左右。如此巨大的变化不能不导致相关社会领域内的变化。历史家们发现，随着人口规模的迅速扩大，清代社会的商品经济和货币经济有了明显的发展，土地交易和土地的流转也甚为频繁，人口与资源之间日益紧张的关系加剧了社会竞争，并使得社会内部越来越动荡和不安定。这种情况表现在法律上面,便是诉讼频仍和地方行政的不堪重负。[33] 值得注意的是,这种情况又在很大程度上是因为制度供给不足所造成。一方面,大量民间纠纷的发生是因为"缺乏"一套与事实上的领有关系相分离的抽象权利的观念和权利保护制度(尤其是所有权制度),而后者的产生又部分是因为官府听讼并不以界定权利为其目标;[34] 另一方面,地方政府的设计原本不是为了对人民实施直接统治,亦不以促进经济发展为务,故其人力财力十分有限,尽管出于实际需要,地方政府的规模早已大大超出法律规限,但仍不足以应付实际的社会需要,相反,这种正式体制以外的发展同时带来许多新的弊端,因使固有问题更加复杂难解。[35]

对一个现代观察者来说,这些发生在清代中国的问题距现代社会生活并不遥远,因为它们有可能借助现代人所熟悉的办法来解决,比如,改变政府职能,改善法律制度,建立一套产权界定办法和权利保护机制,等等。自然,在象清代这样的传统社会与各式各样的现代性方案之间,并不存在简单和直接的联系,更没有目的论意义上的社会进化过程。但就传统社会内部的若干基本问题有可能借助于某种现代性方案加以解决这一点来说,我们确实可以说,它们之间有着某种内在关联。正是这种确信使我们认识到,19世纪中叶以降中国人在应付外部世界挑战过程中开始的现代化过程,可以而且应该从一个内在的方面来了解和把握。

历史的断裂与重续

20世纪上半叶，中国社会经历了一系列革命和战争，以致政权更迭频繁，政治生活严重地缺乏连续性。与此形成对照的是，建立现代法律体系的过程基本没有中断：前清新颁法律多数为北洋政府所沿用，南京国民政府的大规模立法亦不妨看成是完成前清和北洋政府创立现代法制的未竟之业。极富戏剧性的是，在中国（大陆）建立现代法制的连续性运动竟是在国家取得独立、政治归于一统之时中断。

1949年中国共产党取得政权之初，所有南京政府制定的法律均被宣告废止，而代之以新的纲领、法律、命令、条例、决议和政策。在接下来的几年里，一切与旧政权有关的制度、机构、人员、观念、理论，均遭到系统的批判和改造。[36]人们期待并且相信，经过这样一番改造，一个全新的社会和一种全新的社会制度就将出现，这就是共产主义社会。在共产主义社会里，人们各尽所能，各取所需；没有阶级，也不需要权威和法律。当然，除了短暂的迷乱之外，人们并不认为共产主义社会已经到来。相反，他们被教导相信，在向共产主义过渡的现阶段，仍然存在着阶级和阶级斗争，存在着向旧社会倒退的危险。因此，无产阶级专政是必要的，作为无产阶级先锋队的共产党的领导不可缺少，体现和帮助实现人民意志和党的政策的法律也是必须的。不过，法律既然只是被理解为阶级压迫的工具和贯彻党的政策的手段，其作用就可能被限制在单纯刑事政策的范围以内。因此，毫不奇怪，直到80年代实行经济改革以前，中国社会在30多年的时间里没有民法典，没有商事法，甚至长期没有刑法典，而在60和70年代，就是那些在50年代建立起来的极为有限的法律机构和法律设施也大为减少：没有律师，也没有法学院；法院尚存，但已极度萎缩，只是由警察（公安部门）和其他组织构成的所谓专政机关中不甚重要的一部分。这是一个完全建立在行政控制而不是法律统治基础上的国家，一个高度人治和把法律的运用降低到最低程度的国家。这不能不说是对上面描述的法律现代化运动的一个极大的反动。

然而，80年代初，随着"改革开放"政策的实施，开始了中国现代法律运动的第二个阶段：先是恢复50年代的法律设施和法律机构，重开法律教育，然后是大量颁布新的法律，制定庞大的立法规划。在过去的二十年时间里，人们看到中国的现代法律制度在以惊人的速度发展，法律教育的规模迅速扩大，法律职业从业人员大量增加，中央及各地方立法机构活动频繁，各级立法数量激增，与此同时，通过各种形式的交流与合作，政府力图在立法、司法和法律教育等诸多方面引入和借鉴发达国家的制度和经验。总之，在将近三十年的中断之后，现代法律运动重新在中国"扎根"，与之相关的制度、理念和原则如法律秩序、法治等，也重新获得合法性。尽管这一发展经常被冠以"社会主义"一类限定词，人们还是有理由相信，它不过是回到三十年前的发展方向上去,一个在清末法律改革中就已经奠定其基础的方向上面。这一点实在意味深长。

与清末法律改革似乎相反,我们现在正在经历的这次现代法律运动可以说是以一种"内部"事件的方式开始的。正因为如此,人们更要问,究竟是什么原因促成了如此巨大的转变。最常听到的解释是,在所谓"无产阶级文化大革命"中有过惨痛个人经验的差不多整整一代中国领导人,痛感没有法律保障的严重后果,因此在重新获得政治权力之后,他们发自内心地要求建立和健全法制。这个解释是真实的,尽管在揭示出重建法制的最初动机的同时,它也表明了这一运动可能有的局限性。不过,这显然不是唯一的解释。随着后来经济改革的展开,我们还常常听到诸如"市场经济就是法制经济"一类说法,这种说法把现代法律制度与以市场为导向的经济改革联系在一起,从而揭示出现代社会中法律秩序与社会生活相互联系的另外一个方面。这种解释也是真实的,但它也像前一种解释一样不能令我们完全满意。因为它们都缺少一种历史的和世界性的立场,这种立场要求我们把中国当下的法律改革放在中国近代史和世界近代史的大背景下来观察和理解。正是从这种立场出发,我们可以发现,尽管存在政治、经济以及社会发展方面的种种差异,中国历史上这两次法律改革远不是彼此孤立的事件,它们其实是同一历史进程中的同一事件。时间上的中断、发展中的反复、内容和背景上的差异等,最终只是确证了这一事实。

就表面的和直接的原因而言,清廷实行的一系列制度变革首先都源于它在军事上的失败,而这种失败之所以是难以避免的,又是因为那不只是清代中国对某个或某几个西方国家的失败,而是一种传统的农业文明和前现代社会组织在与现代工业文明和民族国家相遇和发生冲突时不可避免的失败。[37]正是因为或深或浅地认识到这一点,晚清的改革才会步步深入,由最初的技能层面扩展到国家体制和社会制度的诸多方面。着眼于此,清末的变法以及后来的革命,都应该被看成是一种试图由传统社会向现代社会转变的连续性的努力,自清末发其端的现代法律运动因此也应当被看成是一个现代性事件。这样,我们就不难了解,正如20世纪初的法律改革并不简单是迫于外部压力的偶然事件一样,80年代的法律重建运动也不是孤立的内部事件。实际上,即使是50—70年代之间我们称之为"法律现代化运动之反动"的社会实践,也只有放在这一社会转型的背景下才是可以理解的。因为,中国的共产主义实践从一开始就不是一个孤立的事件,它是一种对现代性的回应,只不过,它是以一种特殊方式来回应现代性的要求,即以一种激进的反现代性姿态来推行现代化。[38]众所周知,这种尝试最终归于失败。到70年代末,即使官方也不得不承认,中国的经济已经濒于崩溃,社会发展更大大落后于世界发达国家。而比贫穷更严重的是,正统的意识形态已经开始失去其原有的统制力，与这种意识形态相联系的社会理想从根本上发生动摇，秩序瓦解，人心思变。这时，新一轮的社会变革势在必行。具有讽刺意味的是，在官方话语中，新的社会变革被定义为"四个现代化"。

晚清变法以"富国强兵"为目标，最近的"改革开放"以"现代化"为鹄的。它们都经历了同样的变化模式，即失败—反思—变革。虽然这两次变革的背景以及变革的具体内容不尽相同，但它们却是同一主题的变奏，即在已经发生重大变化的世界中，通过吸纳新鲜经验，改造固有体制，寻求解决新旧社会问题的有效方案，并在此过程中完成从传统社会向现代社会的转变。显然，这一转变迄今尚未完成，作为这一转变之一部分的法律现代化运动仍在发展之中，宪政和法治依然是有待实现的理想。尽管在过去的一个世纪里，中国社会已经发生了重大变化，但是晚清时人们面对的一些基本问题，如维护民权（人权）、开启民智（教育）、保障民生（经济）、限制君权（政治）等，是人们今天仍然关心和谈论的问题，只形式和用语稍有不同。中国固然早已废除了帝制，但是公共权力的合理分配与合法行使依然是亟待解决的制度性问题；中国经济所面临的困境使人们痛切感到一套合理的产权制度的重要性；在新近有关修订宪法的要求里，承认和保护公民个人财产权成为一项重要内容；[39]在最初无章可循的局面逐渐改变之后，人们开始感觉到，法律不良、有法不依、执法不严以及司法腐败至少是和无法可依一样严重的事情；人治还是法治，"权大"还是"法大"，这些问题甚至比过去更加严重地困扰着中国人。自然，不同时代人们讨论这些问题的方式及所用语汇不总是相同的，但是这些问题本身却始终或深或浅地植根于中国社会。这不仅意味着中国人曾经有一些处理类似问题的经验和办法，而且意味着他们会把这些经验一代又一代地带入社会实践当中。它们将成为在中国建立现代法律制度、实行立宪和法治的基础，当代中国法治实践的一部分。意识到这一点，我们就有必要对先前经常被作为历史上的消极和负面因素而遭到忽略的两个方面给予适当的注意。这两个方面就是"传统"和普通民众的日常生活实践。

四 传统与现代性

把晚清变法理解为传统中国向现代社会转变的一种努力，把当代中国的法律改革视为这种努力的继续，虽然并不意味着无视一个世纪以来中国社会所经历的变化，但确实包含了一个判断，即法治是现代性事业的一部分，实现法治是中国现代化实践中的一项重要任务，自然，在这样的意义上也可以说，中国传统社会不是一个法治社会。问题是，中国同时也是一个有着悠久法律传统的社会，至少自秦汉（公元前3世纪）以降，历朝历代都有自己的法律典章，它们不但规模庞大，而且复杂细密，影响到社会生活的诸多方面。我们能够说传统社会的"法"与现代社会的"法"完全不同、毫不相干，以致在讨论中国当代法治问题时可以对这种传统不加考虑，或者，只是把它们置于一个与"法治"完全对立的位置上而视之为单纯的消极因素吗？当然，如果只是比较比如清代的和当代的成文法，人们也许会得出一种印象，即它们之间少有连续性可言。但是如果不是把法律传统仅仅看成是书本上的法律，而且把它们理解为一种行为、观念、态度，简言之，一种具有丰富经验内容的生活实践，我们就可能注意到传统与现代之间可能存在的极其复杂和微妙的联系。

作为一种规则体系的法律

在一种宽泛的意义上，法律可以被理解为一种运用规则和使人类行为受到规则统制的事业。[40]在所有文明发展起来的地方，在所有社会生活复杂到了一定程度的社会，都会出现这样的事业和尝试。这是因为，规则具有一种简化复杂的社会生活、使之常规化的职能，它有助于去除社会交往中的偶然因素，帮助人们实现稳定的期待，为社会带来安全与秩序，而这些对无论作为个体的社会成员还是社会本身都是必不可少的，尽管在不同时代和不同社会，人们对规则的理解和要求以及规则被实行的严格程度并不相同。传统中国社会中的法律，至少在一种能够被接受的意义上，可以被恰当地理解为一种规则系统,[41]历史上的法律制度也可以被看成是当时人们建立和运用这种规则系统长时期努力的产物。因此,不但规则、规则系统以及运用规则的技能和经验对于传统社会并不陌生,运用规则所要解决的问题和运用规则本身可能产生的问题,也早已为古代中国人所了解。因此之故,如果我们在不同社会和不同时代甚至不同类型的法律制度之间看到一些彼此相近的现象、表达、要求甚至原则,那是不应当感到奇怪的。

事实上,即使对中国古代法律传统稍有涉猎的人也会注意到,中国古代法律传统中的一些基本原则不会因为社会变迁而变得过时,相反,它们在今天甚至可见的未来仍然有效,自然,它们也完全合乎法治原则。在这些原则中间,最突出的即是人们称之为自然正义的那些要求:相同案件相同对待,不同案件不同对待;罪(与)刑相称;当事人不得裁判自己的案件;裁判者须无私无偏,秉公执法。[42]这些贯穿于法律制度之中的原则,不但是制度设计的基础,而且也是人们提出自己主张和评价的重要依据。此外,在稍弱意义上,我们还可以提到人们今天归于法治的另一些原则,比如,法律公开(公布),法律不溯及既往,法律规定清楚明白、不自相矛盾,法律不要求不可能之事,法律相对稳定,[43]等等。不管实际上这些原则被实现到什么程度,有一点可以肯定,那就是,在中国历史上,所有这些原则都曾被人们当作法律应当具有的品质加以关注和讨论,不仅如此,它们也都获得了不同程度的制度化,是历史上法律实践的重要部分。

人们可能要问，既然如此，为什么还认为中国传统社会不是一个法治社会，尤其是，如果法治的实现可以而且应当被理解为一个程度问题的话。对这一问题的回答将使我们意识到我们所谓法治的现代性特征，以及在一定程度上，在其起源处的文化特征。

传统的延续和演变

首先，以一系列前后相继的法典为核心发展起来的古代法律制度，远不似现代法律制度那样深入社会生活的所有重要领域，并在一些重要方面为人们提供行为规范。毋宁说，中国传统法律更像是君主发给国家官吏的一系列指令，指示他们在何种情况下对何种罪行给予何种刑罚。[44]这种特点乃是源于传统法律的另一特征，即"法"与"刑"辄被视同一物，法即是刑。[45]传统法律的这种品格在法律的运用范围与运用方式两方面都留下了深刻的印记，并因此使之区别于现代法律制度，而一种能够全面指导社会生活和为普通民众提供行为规范的法律制度，可以说是我们所理解的作为一种特殊秩序类型的法治的基础。

其次，中国传统的法律既是"道德之器械"，也是"行政上的一个环节"。就其规范性质而言，法律与其他社会规范没有明确的界分，就其活动方式而言，法律不具有自治性。这些转而加强了它的工具主义特征。传统上，法律始终被认为是"帝王之具"。君主不但在一切人之上，而且在法律之上。尽管这并不意味着君主总是可以或实际上总是为所欲为，这种关系却不能不对古代法律的性格和运用方式产生广泛和深刻的影响。中国近代思想史上最可注意的人物之一严复就曾痛切地意识到这一点。他在比较中国古代法家的法论和孟德斯鸠的法律思想时说，孟氏所谓法，是治理国家的基本制度，一旦确立，无论统治者与被统治者都要受其约束；法家虽然也劝君主运用法律，但他们所说的法，不过是刑罚而已。这种法只是为了束缚和驱迫被统治者，君主本人则超乎法律之上，不但不受法律约束，还可以按照一己好恶去运用和改变法律。这种法不过是促成了专制而已。[46]

再次，中国古代法律的这种"工具主义"性格还有更深一层含义和原因。从一种外在的观点看，人类所有的法律都是为某些特定目的而制定出来，为实现某些可欲的目标而服务的。但是，从某种内在的观点看则未必如此。参与者可能因为比如宗教的（比如相信上帝是立法者）或者世俗的（比如某种法律形式主义）原因而把他们涉身其中的法律视为目的本身。在古代中国社会，法律并非没有形而上的根据，但是这种形上层面不具有超验意义。古代君主的合法性源于"天"或"天道"，法律的合法性则源于"天理"（和"人情"）。然而，正好比"天"不是具有意志的人格神一样，"天理"也不是超验的抽象规则。天道无形，但可以由自然变化、人世兴衰中察知；天理无言，却可以从纷乱杂陈的世事与人情中体察。这样，政治和法律合法性的两端——天理和人情——就汇合到了一处。这种天理—国法—人情的结构，[47]在赋予法律（"国法"或者"王法"）权威性的同时，也限制了它的权威性。更重要的是，由于其形式化受到限制，法律的自主性也相应地受到限制。这种情形的结果之一是，没有单纯的法律事务，即便诉诸法律，人们也不必把法律解决视为最终的解决，因此，当事人的同意被看成是判决合法性的重要依据之一；原则上没有终局裁判；实质正义受到特别重视，程序正义的发展则受到抑制。最后，也是最重要的，整个法律世界被认为是自然世界的一部分，而不是一个通过理性人为建构起来的世界。[48]法律世界与生活世界之间不存在严格的界分，事实与法律也没有明确的区分。它的一个附带结果，是在一定程度上降低了法律概念的抽象性和普遍性。

最后，中国古代法律是一种极富等差性的制度，这一特点固然反映了传统社会中常见的尊卑上下的不平等观念与现实，但更重要的是，这种等差性最终是在一种可以称之为"特殊主义"的社会结构中生长起来的，后者表现为一种由内向外、由己而人的"外推式"建构社会关系的方式。[49]在这种社会关系结构中，不但尊卑上下，而且亲疏远近的等差性也受到强调，因使得规则的适用往往因人而异、因事而异。不仅如此，当尊卑上下的等级观念因为现代社会变迁而逐渐淡化的时候，亲疏远近的差异性观念并没有相应地减弱，即使在今天，"特殊主义"的社会关系模式依然有其生存空间，这种情形不能不视为对法治所要求的规则的普遍性的一种威胁。[50]

由上面的分析，我们可以注意到，一方面，因为同是运用规则和规则系统以解决人类社会某些基本问题的一种尝试，中国古代社会的法与现代社会中的法并非没有相通之处，不同时代和不同社会的人因此也有可能分享某些共同的法律经验；但是另一方面，中国传统社会的法律实践在一些重要方面乃是基于与现代社会法律实践相当不同的原则，以致我们可以而且应当把它与具有现代性特征的法治相区别。显然，意识到这一点对我们认识和了解当代中国的法治运动有着重要意义。因为，正如前面指出的那样，这场运动实际是一个世纪以来中国社会谋求现代化努力的一部分。改造旧的法律观念，塑造新的行为和认知方式，在改变原有社会结构的同时建立新的社会秩序模式，正是这一运动所包含的重要内容。不了解这一点，讨论当代中国的法治就没有意义。[51]

不过，一个基本的也是常常被人们忽略的事实是，这一现代法律运动既不简单是外在地强加给中国社会的，也不是由中国社会之外的其他人来主导和推行的，所有这些"改造""改变""塑造"和"建立"的任务都主要是由中国人自己、为了自己的利益去进行和完成的，而这个行动主体显然不可能在历史之外、完全摆脱历史和传统去创造历史。因此，我们实际上面对着一种包含自我矛盾的复杂局面。一方面，人们对通过运用规则来建构社会秩序的要求，人们对法律本身的正义和通过法律实现的正义的期待，以及，人们为实现这些要求和期待所做的可以说不屈不挠的努力，不但是历史上法律制度得以建立和实施的基础，也是今天推行和实现法治的不可缺少的资源。[52] 但是另一方面，使这些要求和期待变得活泼有力的同一种社会力量，无论是现实的利益、情感和冲动还是它们借以表达的形式，都可能包含一些与法治原则不相一致甚至互相抵触的东西。这意味着，为在中国实现法治所必须依赖的力量和主体，同时也是为了同一目的须要限制和改变的东西。

应当指出的是，从这里不能够简单地得出某种精英主义的结论，就像那种至今仍然是不言而喻的看法（更确切地说是一种潜意识）那样，认为在中国实现法治需要靠国家去改造社会，知识精英去教导民众。因为，那些与法治原则不一致甚至相抵触的传统，并不只是表现在民众身上，它们也影响着社会精英的行为和观念。不仅如此，在许多场合，正是社会的统治阶层乐于接受甚而有意识地利用那些虽然与法治原则相左但是便于其统治的传统。

我们可以发现，正像它（传统）既区别于现代又与现代保有某种内在的和复杂的联系一样，传统也以既相分离又相联系的方式在不同社会生活领域、不同层面和以不同形式发挥着影响。比如,在浅显的政治层面,法律工具主义显然是一种便于政治控制的意识形态,尽管今天看来,它已经遇到了强有力的挑战,甚至也不再符合统治者的长远利益。而在社会心理和认知模式的深层,克服法律工具主义的障碍可能不但来自统治者,也来自被统治者。把法律视为"专政工具"的固然是官方意识形态,但是这种教条本身的合法性也部分出于潜移默化地为人民所接受的"法即是刑"的传统法律观。[53]正统的意识形态宣称,社会主义国家法律是人民意志的体现,这种说法看上去与传统的法律理论截然不同。不过,仔细观察法律实践,我们会发现这种"民意"说与过去建立在"天理—人情"上的法律观实际是相通的。比如,基于同样的原因,今天的司法判决并不比过去的更容易摆脱舆论影响,而通过强调案情的特殊性和诉诸社会伦理和道德评价去影响司法判决,也一直被人们视为当然。[54]"信访"制度是一种重要的有着深厚社会基础的国家制度,但其存在往往以抑制法律的自主性活动为代价。因为它一面敞开大门,向民众提供一种在法律系统之外解决法律问题的途径,一面为对司法活动的行政性干预提供制度化的正当渠道。[55]这种制度模式与传统的模式非常接近,因此,毫不奇怪,支持这种制度的社会心理和行为方式也与传统的相似:各式各样的上访鸣冤,各种形式的上层干预,舆论的介入,高层的批示,等等。许多动人的故事,如果改变其中人物的语言和服装,一定古今难辨。

文化变迁

人们有理由把这里讨论的问题归结为文化,而从文化角度考察中国近代以来的法治运动也确实能够帮助我们加深对这一主题的理解。但是,在被用来解释历史和社会现象时,"文化"不但经常被理解为一种支配性甚至决定性因素,而且被想象成一种静止不变的东西。这使得所谓文化解释变得无所不包,同时也使它失去了应有的解释力。实际上,文化也和其他社会现象一样经常处于变化之中,文化本身也需要解释。在当代中国社会,文化变迁的动因至少可以从三个方面去了解。

首先是一般所谓社会变迁。在过去一百年里,中国社会经历了一系列引人瞩目的有时是戏剧性的变化,大至社会结构、国家制度,小至生活场景、器物服饰,无不发生深刻变化,这些变化自然会而且已经对中国人的行为方式、价值观念产生重大影响。80年代以来,与经济改革和市场发展相伴随,都市化进程的加快、大众传媒的崛起和国际资本的渗入,尤其深刻地改变着中国人的思想世界和生活世界。

其次是所谓话语的改变。实际上,自从五四新文化运动以来,中国社会经历了不止一场话语的革命。通过所谓话语革命,一整套新的概念、范畴和语汇被建立起来并渗入到社会生活的各个方面。今天,不仅民主、宪法、法治一类观念早已为中国人所熟知,权利话语也已经广泛进入到日常社会生活领域,成为人们常常挂在嘴边的语汇。当然,只是语言和概念的改变并不足以使社会生活本身发生根本改变,但是无论如何,表达方式的改变绝不是一件无足轻重的事情,因为它可以把一些新的内容带入到旧的场景中去,使旧的行为具有新的意义。自然,这里所谈论的并不是一个简单的和单向的过程,因为行为者也可以在运用新的表达方式的过程中改变其含义。[56]

最后我们可以提到制度因素。在许多情况下,我们讨论的所谓文化问题,其实不是或者不完全是文化问题,而是或者同时也是制度问题。比如上面谈到的信访制度和中国人常常不以法律裁判为终局裁判的态度指向,就不是单纯的文化问题和心理问题。尽管一方面,类似信访制度这样的安排可以在文化上找到某种正当性依据;但是另一方面,民众之所以倾向于同时也在法律之外寻求公道,也是因为法律制度的内在缺陷使其难以满足民众的正当需求。今天,这种缺陷包括:可以利用的法律设施不足,司法腐败常常妨碍实现公正,没有司法独立以致法律本身就缺乏权威,等等。这意味着,通过制度上的改善,有可能改变旧有的观念系统和行为方式。归根到底,法治是一种生活经验,它像任何其他生活经验一样可以在实践中逐渐获得、积累和改变。而历史和经验都已经表明,中国人,首先是中国的普通民众,从来都不缺乏对自己利益作出判断和根据环境变化调整其行为方式的实用理性。[57]

五　国家悖论

上文讨论中国的法律现代化运动，已经涉及近代以来国家在历次法律改革中的重要作用。在那里，国家每每以一个单纯施动者的面目出现：它规划全局、制定法律、建立机构、培养人才、实施法律，领导和推动法律改革。但实际上，这个主导社会变革的国家本身也是被改造的对象。建立新国家和建立新法律从一开始就是同一历史事件的两面，此二者之间的关系，实较表面上看到的更加复杂。

和法律现代化运动一样，中国近代以来的国家政权建设也是现代化过程的一部分，而对传统国家实行改造的要求，同样是源于传统与现代性之间的内在紧张。换言之，在变化了的世界格局中，传统的国家模式和社会结构已不再具有其固有的有效性与合法性，而必须加以改造以适应新的社会需求。

关于中国传统的国家模式以及国家与社会的关系，曾经有两种流行的看法。一种看法认为，中国传统国家实行是专制统治（所谓"东方专制主义"），根据这种看法，君主以一己意志号令天下，国家对社会享有莫大权威，个人则无自由可言。[58]与之相反，另一种看法认为，传统社会中国家的能力十分有限，个人并不直接生活在国家之下，也很少甚至完全不接触国家法律；社会秩序建立在礼俗、习惯和其他传统权威的基础上，个人实际上享有相当大的自由。[59]这两种见解各有根据，但都不具有充分的说服力。的确，中国历史上的君主并不为法律所限制，但那并不意味着他们能够为所欲为。同样，传统国家不同于现代国家组织，它对于基层社会的统治实际是建立在一种间接控制的基础之上。而在另一方面，个人虽然并不经常直接面对"国家"，但他们也不是生活在没有国家和不需要法律的"社会"之中。关于这一点，我们可以借助于上文曾经提到的法律现象来加以说明。

如前所述，传统的法律规则，与其说是人民的行为规范，不如说更像是发给国家官吏处罚罪行的指示。不仅如此，许多在现代法律里被视为基本和重要的事项，在传统的法律制度中或者付诸阙如，或者只有远非系统的规定。然而，这种情形并不一定表明国家与社会之间的截然分裂，相反，它可能表明传统的国家和社会之间存在着另一种结合方式，一种建立在国家与社会、法律与道德、公域与私域之间无法明确界分基础上的有机结合。这种结合的好处之一，是国家与社会直接分享同一种意识形态，法律的"不足"可以礼俗来补充，政治统治所需的成本可以降低到最低程度。[60] 但是，当中国在19世纪面临新的外部世界的挑战时，其原有社会结合方式中的长处立刻变成了短处。国家动员能力不足，社会凝聚力不够，财政税收制度不合理，等等。所有这些都使得当时的中国无法有效地应对外部世界的压力和挑战，而人们一旦认识到这一点，国家制度和社会结构便不可避免地成为"改造"的对象。从洋务运动、戊戌变法，到辛亥革命、新文化运动以及后来一系列政治变革与社会运动，我们可以看到一种不曾中断的建立现代民族国家的努力。这种努力不但包括根据现代模式建立一套新的国家机器，重新界定和划分国家职能，并且依据新的原则实行统治；而且包括调整和改造国家与社会之间的关系，把国家意志有效地贯彻到基层社会，使国家能够对社会实行全面的监控和动员；最后，也是最重要的，它还包括对个人的改造，包括建立新的效忠对象和确立新的合法权威。[61] 而在此过程中，现代法律制度的引进和建立，实具有不可取代的重要作用。

法律为国家所用

首先，新的国家必须根据法律进行统治，这意味着，政治权力的基础不再是"天道"，也不再与家族的血统和姓氏有关，权力的合法性来源于法律（首先是宪法），来源于人民的同意。在这个意义上，新的法律是一种重要的合法性资源，它是国家的新面孔。

其次，新的法律体系不但包含了新的概念、术语、范畴和分类，而且体现了一套新原则，一种新的秩序观与世界观。这种新的法律制度被认为出于人类发展的某个更高阶段，是人类文明史上取得的最新成就。因此，新的法律，作为一种规范性资源，又是未来新社会的样板。[62]

最后，新的法律还是一种垄断性资源，因为只有国家拥有创制和实施法律的权力，任何个人和私团体都不能分享这种权力。正是通过对法律的垄断，国家才可能将其意志贯彻到基层社会。在这一意义上，新的法律也是国家的新武器。[63]

现代法律所具有的这种多重含义，不仅令国家建设与法律建设从一开始就紧密结合在一起，而且使得国家在现代法律运动和法治事业中的地位变得微妙和暧昧起来。一方面，国家在整个现代化过程中居于核心和领导地位，现代法律制度不但要靠国家来建立，而且它本身就是现代国家发展的一部分，国家权力渗入社会和把法律设施推行到基层，实际上可以看成是同一件事情；另一方面，立宪要求根据宪法组织国家，根据法律行使权力，法治的实现更要求限制专断的权力，保证个人自由，而这些要求又只能通过法律的实施加以实现。问题是，在什么情况下，国家甘愿牺牲其统治上的便利，而主动或者不得不服从宪法和法治的原则呢？显然，人们对国家的期待和对法治的要求里包含了某种矛盾：既要求用法律来限制国家权力，同时又把实现法治的希望寄托在国家身上。这种矛盾可以称之为"国家悖论"。在中国的法治事业中，这种矛盾从一开始就存在，而在今天尤为明显。

中国的现代化开始于国家、"民族"的危难之秋，以致"富国强兵""救亡图存"成为中国早期现代化的主要驱动力。这种特殊历史经验赋予国家一种独一无二的历史地位和历史使命，即国家不仅要缔造和保全"民族"，而且要改造落后的社会。由这里便产生了所谓"规划的社会变迁"。我们看到,这种规划的社会变迁模式在60和70年代发展到了极致。与规划的社会变迁相伴随,是一个国家权力不断向基层社会渗入的过程,一个社会中间阶层和组织日渐削弱、减少乃至消失的过程,这个过程的顶点,则是社会为国家所吞噬,以致在个人与国家之间没有任何中介。而当这种局面出现之时,法律也变得多余。政治上操纵的运动代替了日常规程,行政命令取代了法律规章。这时,国家固然可以被视为个人自由唯一可依赖的保护人,但同时,国家也是个人自由最大的威胁。

70年代末、80年代初,中国终于开始面对现实,着手包括重建法制在内的政治、经济和社会的改革。这时,中国人面对的是一个全能国家留下的遗产:一个没有社会的国家。尽管在经过二十年的改革之后,旧有的民间社会在或大或小的范围内重又出现和得到发展,但我们仍然不能说中国社会业已摆脱了全能政治的影响,这不仅是因为法治还没有实现,国家依然习惯于不受法律限制地去干涉社会的和个人的事务,也不仅是因为社会依然弱小且残缺不全,社会中间阶层和组织的成长壮大尚待时日,而且是因为,国家依然保有对社会不仅政治上而且道德上的优势地位,因为人们依然习惯于国家对社会的广泛干预、控制、管理和统治,只不过,这种管理和统治的方式被认为应当从行政的转变为法律的。具有讽刺意味的是,即使是对政府经常持批评态度的知识分子,也常常对民间社会表现出深刻的疑虑和不信任。而当他们把比如农村家族组织和民间宗教的复兴简单斥之为"迷信"和"封建宗法势力"时，其论说竟与正统的意识形态完全一致。这种精英主义的意识形态使他们看不到"社会"可能有的作用和意义，也使他们的法治诉求很难逃脱由"国家悖论"所造成的困境。

引入社会之维

20世纪初的一些政治家、社会活动家和学者注意到，传统社会中的个人虽然不像现时代的个人享有法律所保障的自由，但也不是没有自由。他们中有些人甚至认为，传统中国人享有的自由不是太少，而是太多了。这些人所说的自由，主要是指一种很少受到国家"横暴权力"干涉的相对稳定状态。[64]这种相对稳定状态的获得与保持，确实不是依靠法律，而是出自当时特定的社会结构，即一方面，国家在社会事务中扮演一个相对消极的角色，另一方面，在个人与国家之间存在着形态多样的社会中间组织，这些组织的存在虽然并不是为了抵御国家意志和国家权力，但至少在客观上是国家与个人之间的一道屏障。在这个意义上可以说，传统中国社会中个人自由的保障主要不是来自于国家，而是来自于社会；不是来自于法律，而是来自于传统和习惯。值得注意的是，在欧洲古典政治理论中，社会，或者更确切说，市民社会或曰公民社会[65]的存在，对于保障个人自由和政治民主具有重要意义。[66]部分因为受到这种政治理论的鼓舞,中国研究领域中的一些政治学家、人类学家和历史学家对中国当代以及历史上国家与社会的关系问题产生了浓厚的兴趣,并热衷于发现和发掘中国的"公民社会/市民社会"。[67]

把中国历史上的民间社会组织看成所谓市民社会,这种做法是否有助于说明中国传统的国家与社会结构,以及,潜藏在这种研究背后的对一种实际是源于近代西方历史经验的政治理论的运用是否具有充分的理由,这些问题业已引起人们的注意和争论。[68]但是不管怎样,社会与国家的关系问题确实涉及个人自由,这种关系的相对变化也不可避免要影响到个人自由,这一点是没有疑问的。因此,通过对历史经验的重新梳理和阐发,应当可以开启我们的思路,帮助我们重新认识和想象现实。这里,仅根据本文所关心的问题指出以下几点。

首先,要走出"国家悖论"的困境,有必要引入"社会"这一新的维度,因为仅仅依靠国家的善意和努力,而没有社会结构上的改变,尤其是社会中间阶层和组织的成长,法治的原则实际上很难实现。换言之,推进法治事业不单涉及法律本身,而且涉及社会组织与社会结构。

其次,就中国传统而言,市民社会的问题与法治问题相似,也就是说,它离我们既不更远,也不更近。在最一般的意义上,我们可以说,中国历史上始终存在着一个所谓"社会",一个有别于"国家"的"社会",尽管其具体形态以及它与"国家"的关系明显不同于比如欧洲历史上的"社会"与"国家"。中国历史上的"社会",借用传统的语汇,可以称之为民间社会。[69] 这种社会,就其性质而言,与欧洲近代的市民社会有很大的不同。因为它既不是在一个宪法的架构下面发展起来,也没有政治参与的意识和实践。然而,由于这样一个民间社会的存在,中国人对某种自我组织和自我管理的经验并不感到陌生。在这一意义上,传统的民间社会未尝不能成为现代公民社会 / 市民社会生长的基础。

最后,虽然宣称中国传统的民间社会就是公民社会 / 市民社会的做法失之武断,一定要在中国历史上发掘出市民社会的尝试也不尽合理,但是把公民社会 / 市民社会的概念引入对当代中国社会发展的考虑,进而致力于建设和促成市民社会在中国的发展,这种努力却是合理的和可行的。不仅如此,由于上面谈到的原因,中国今天和未来的市民社会不可避免地要与历史上的民间社会发生联系,以致中国市民社会的发展,也像中国的法治的发展一样,既要立足于传统,又要超越传统。[70]

事实上,经过最近二十年的社会发展,这种立足于传统又超越传统、发展中国的市民社会的想法已经不再是一种空洞的构想,尽管到目前为止,传统民间社会形式如家族、宗教和同业公会组织既未得到法律承认,其本身发展也远不能令人满意,但它们确已显示出不同寻常的适应力和影响力,并已引起人们的注意。当然,在那些秉有精英主义倾向的人(不管是政府的辩护者还是批评者）看来，传统民间社会组织的复兴首先是和混乱、无序、非理性、落后一类现象联系在一起的。它们的产生或者是因为政府能力不足，或者是因为国家政策有误，但是最根本的，还是因为广大民众的贫穷和无知。[71] 然而，恰恰是这种精英主义的观念本身产生于对历史的无知和对于流行理论的缺乏反省。

在中国。建立民族国家的历史不过一百年，彻底实行计划经济的历史也只有三十年，但是这段历史经验业已对中国人尤其是中国的知识分子产生深刻影响。部分地由于这段历史的影响，我们对历史和传统的理解，对社会现实的把握，以及，对未来发展的构想，都受到极大的限制。[72] 我们忘记了，中国传统社会的经济从来不是由国家直接控制和计划的，相反，至少在一种传统意义上，中国社会的经济是市场性的：土地租佃和转让、商品生产和交换、自由选择职业、自由地流动和迁徙，所有这些在过去两千多年时间里，一直是居于主导地位的经济活动方式。[73] 与之相应，传统国家的职能十分有限，在经济之外，我们今天习惯于由国家控制甚至垄断的大量社会公共事务如教育、卫生、医药、宗教和社会公益事业很大程度上是由社会通过自发的联合方式来完成的。

20世纪上半叶，尽管剧烈的社会动荡已经令传统社会结构发生不可逆转的改变，但是传统社会组织依然在一定范围内存在并发挥重要作用。而在后来的社会变迁中，当传统社会结构被从根本上破坏，新的政治力量和意识形态全面渗入和控制社会的时候，传统的观念和行为依然以自发的和零星的方式顽强地存在着，以致被社会的改造者视为对其政治理想和新社会的最大威胁。[74] 总之，一种由国家控制全部资源和规划整个社会生活的政治、经济和社会模式，不但是非常晚近的事情，而且是漫长的中国文明史上一个极为短暂的插曲。事实上，80年代农村经济改革中的许多"创举"，如土地承包制度、多种经营的经济形式等，不过是传统经济形式在新的社会条件下重现罢了，[75] 而在此前数十年的社会主义改造过程中，如果没有所谓落后的传统势力的顽强抵抗，后来的经济改革是否可能或者能否迅速取得成功都是可以怀疑的。

指出上述事实，重新评估过去一百年尤其是最近五十年来国家与社会关系的变化，并不是为了把流行的评价公式颠倒过来，把以前加于国家的信任和希望转移于社会，更不是主张回到传统的国家与社会关系模式中去。这样做的目的，只是要对至今仍然流行的看法提出质疑，并且把"社会"的问题重新纳入我们对法治以及未来政治和法律发展的思考中去，而一旦我们这样去做，"社会"本身就将成为批判性思考的对象。

如前所述，一个应当牢记的基本事实是，中国传统的民间社会不能被简单等同于近代市民社会，也不可能直接地转变为后者。这不仅是因为，传统的民间社会本身不同于我们所谓市民社会，而且是因为，传统民间社会的生长环境与今天不相同。而今天,我们不能漠视过去一百年里已经发生的社会变迁,尤其是中国民族国家的形成,新的观念形态和文化形态的形成,以及在此过程中发生的社会的和心理的结构性变化。因此,中国当代市民社会的形成将是一个复杂的过程,不仅需要时间,而且需要参与者的明智判断和选择。

可以庆幸的是,过去二十年改革的经验已经为市民社会的发展提供了多种启示和可能的选择。我们看到,一方面,旧的民间社会形态如村庄、家族和民间宗教组织的复兴在不同范围内和不同程度上起到促进社群利益和地方社会整合的作用。另一方面,新的市民社会萌芽也在当代社会运动如消费者运动、环境保护运动和劳工保护运动中逐渐形成。[76] 此外,我们还发现,当代市民社会的因素不只是在国家之外生成,而且也在国家与社会的结合部甚至国家内部形成。在此过程中,来自不同方面的资源被尽可能有效地调动起来,用来促成多少具有自治性格的社会组织和社会活动。这些社会组织和社会活动,无论新旧,并不必然是破坏性的社会因素,更不一定具有反对政府的倾向。但是,如果它们得不到认可,没有合法地位,甚至经常遭到政府部门的怀疑、猜忌乃至抑制和打击,其建设性的因素就可能受到限制。[77]

因此,重要的和有意义的问题是,如何改变人们首先是统治精英和知识精英对民间社会组织和社会活动的态度,促进政府部门与民间社会之间的沟通和了解;如何在此基础上通过运用法律去规范和调整民间组织与民间活动；如何改善民间组织和民间活动的状况，既尊重其自主性，又抑制其中可能损害个人和社会的不良倾向；如何通过民主方式，一面改造传统的民间社会形式，一面鼓励民间社会组织的政治参与，加强"社会"与国家之间的对话、沟通和连接；如何通过必要的法律程序建构一个理性的空间，并在其中开展国家与社会之间的富有建设性的互动，以及最后，如何在这一过程中，达成国家、社会与个人之间的适度平衡，完成转型时期的社会整合。这些，将是在中国实现现代化的一个重要途径，同时也是在中国实行立宪和法治的不可回避的道路。

六 法治的正当性

把法治理解为现代法律运动的一部分，则其正当性问题与在中国建立现代法律制度同时发生。

晚清，关于新法的性质及其与中国传统法律尤其是所谓礼教所体现的社会价值之间的关系诸问题，曾经发生激烈的论辩。然而，由于继之而来的两次重大历史事件，即推翻帝制、建立共和的辛亥革命，和以民主、科学为口号、旨在破旧立新、改造"国民性"的新文化运动，整个景观发生了戏剧性的变化。首先，作为政治革命的成果，一套合乎现代政治原则的政治制度和国家组织开始被建立起来，政治参与的方式、途径和范围也发生相应的变化。其次，随着新文化运动的展开，新的价值观念和政治理念得以在更大社会范围内传播，民主、科学、立宪一类现代观念迅速成为占统治地位的意识形态。尤其自1921年袁世凯复辟帝制失败之后，共和制度和立宪理念的正当性愈发不可动摇，以至在新一轮的权力角逐和政治斗争中，"民主"和"立宪"成为不同政治力量经常运用的最方便也是最有力的武器。

50年代以后，随着中国现代法律运动的中断，法治的理念也被抛弃。尽管从1954年到1978年，先后有三部宪法被制定出来，[78]但是这些宪法实际上只是政策的表达，因此既不能规范政府行为，也不能保护个人权利。这一以极端的人治为特征的政治实验，如前文所述，造成了极其严重的社会后果，正是因为意识到这一点，中共领导人才在70年代末改革伊始就重新提出了"民主与法制"的口号，并且很快制定了新的宪法（1982）。这时，法治的正当性问题再次被提出，只是，与现代法律运动前期的情形相比，人们现在所面对的情况已经有许多不同。

晚清围绕新法中若干条款的论争，基本上是一场上层精英之间的论争。其时，不但社会结构没有改变，政治结构也还不曾大变，以致当时的论争主要集中于文化价值的层面。[79]此后，随着现代国家政权与法律制度的逐步建立，早先主要被视为（文化）价值冲突的问题逐渐扩大到制度层面，成为政治的、法律的乃至社会的问题。[80] 然而，直到40年代末，由于国家统一尚待完成，更由于社会结构的改变甚为有限，法律在政治生活与社会生活中的作用并不十分突出。50年代以后，随着社会主义改造的逐步推行、计划经济的全面实施和全能政治的最终确立，个人、社会、国家的关系发生了结构性改变，这使得80年代以来包括重建法制在内的改革不可避免地涉及整个社会，不但是所有的社会阶层，而且是社会的所有方面。这也使在中国推行法治所面临的问题比以前更充分和更清楚地表露出来。

今天，法治的正当性所面临的挑战可以被归结为由显而隐的三个方面。

首先，在最显见的层面上，法治所面临的威胁来自于政治上对"法治"的操纵。80年代以来"法制"（法治）口号的重新提出，可以被看成寻求新的合法性的努力。过去数十年间政治实验的失败，使得对一种新的具有合法性的意识形态的需求甚为迫切。而"法制"（法治），一种被认为与"改革开放"、市场经济、现代化以及"社会进步"观念联系在一起的秩序模式，确实具有替代旧的意识形态的功效。这种转变的背景使得当下轰轰烈烈的法律改革运动同时具有两种彼此矛盾的倾向：一方面，因为强调依法治国，法律制度的建设和法律观念的传播均有明显的进步。更不用说，在中国历史上第一次如此大张旗鼓地鼓吹"法治"，无疑使更多的中国人（不仅是政府官员和学者，而且是普通民众）比过去有更多的机会去思考和亲近法治的理念。但是另一方面，由于"法治"所具有的意识形态色彩，它又很容易被操纵，成为一种装点门面的招牌，有名无实。比这更糟糕的是，由于"法治"不能被认真地对待和实施，人们将对法律改革乃至法治本身产生怀疑、甚至失去信心。这正是今天日益严重的"司法腐败"现象给予人们的警示。

其次，较政治上操纵法治更深一层的对于法治的挑战来自于社会变迁本身。在传统社会，个人并不直接生活在国家的监控之下，法律规则与其他社会规范之间以及与个人生活经验之间的裂痕和冲突也不十分显著。而在现代社会，随着官僚体制的扩展和社会制度的理性化，法律在变得无所不在因此也越来越重要的同时，也变得越来越技术化和疏离于个人社会经验。此外，由于现代社会生活的日益复杂化，尤其是福利国家的出现，行政规章和自由裁量在规则系统中的空间也有扩展之势。这两种变化趋势都对法治理念提出挑战。[81]中国在由传统社会向现代社会的转变过程中，不可避免地面临同样的问题，不同的只是，中国的现代法律运动有一个文化移植的背景，中国的社会变迁是一种规划的社会变迁，因此，在这里，法律与个人经验的疏离不仅是技术性的，同时也包含了文化冲突的成分；而国家在社会变迁过程中的主导角色，尤其是全能政治实践中国家与社会关系的失衡，既令人们对法治的要求格外迫切，也使得法治的实现特别困难。最后,由于没有经历19世纪自由放任的资本主义发展阶段以及与之相应的"法治",中国社会所面临的要求法治的挑战便成为一种"后法治"时代的"前法治"危机。换言之,中国社会必须同时面对和解决某些其他社会在不同历史阶段分别遇到和处理的问题:既要实现真正的法治,又要在缺乏法治经验的情况下适应当代社会的复杂性;既要清算全能政治的遗产,又要充分肯定现代国家在社会发展过程中的重要性。

最后,也是最难为人们意识到的,是法治在所谓文化层面上遭遇的挑战。它涉及人们观念中法律的性质与功用,涉及人们对规则的看法,也涉及人们对法律与正义的关系的看法。正如我们所见,传统中国人并不一般地否认法律、规则及其与正义的关系,相反,他们常常诉诸法律和运用规则,肯定法律与正义之间的内在联系。只不过,法律在人们的心目中并不据有至高无上的地位,规则如果妨碍结果的公正,就可能被违反甚至遭到抛弃。同样,为了实现实质正义,人们经常漠视和牺牲必要的程序。在这样一种传统中,法律当然被视为手段,并且仅仅被视为手段。与现代法治理念扞格不入的就是这种根深蒂固的法律工具主义传统。

从理论上说,上面提到的所有这些挑战都不是不可克服的,实际上,当下的法律改革和制度调整也可以被理解为建立法治秩序的一种努力。显然,循着同一方向还有许多工作可做，比如，提高立法质量、加强程序保障、提高法官素质、改善法学教育、扩大律师行业、加强司法对行政的监督，等等。但是，如果我们的视野仍然限制于法律制度之内，而不能扩大到政治制度、社会结构和文化形态诸方面，如果我们只强调国家在法律改革中的核心作用，而不注意具有相对自主性的社会的发展，特别是，如果我们只关注法治本身而不重视民主制度建设，则法治所面临的挑战很可能难以克服，在中国建立法治的理想也将长久地虚悬。

民主的法治

在讨论法治概念的时候，我们有意识地引入形式化和程序性的法治理论，以便将法治与民主制度和其他可以通过法治来实现的社会价值区分开来。这样做的目的，是要更好地了解法治的性质、功能和限度，了解不同制度设计和制度安排之间的关系。正如我们所见，在中国建立法治秩序的要求有其内在根据，但是单靠国家去推动法律建设，并不能达到实现法治的目标。要实现法治，必须有民众的参与，必须有一个国家"之外"的多元社会的存在。易言之，法治的实现与民主制度的发展有密切关系。一种健全的民主制度将有助于克服法治所面临的挑战，确立法治的正当性。

在政治方面，民主的这种重要性是显而易见的。今天，中国的法治事业最直接最明显的挑战来自于"司法腐败"，因为它直接动摇了人们对法律的期待和信念，威胁到法治的正当性，不仅如此，它还塑造了一种有害于法治的生活经验，使国民难以摆脱传统非法治甚至反法治的认知模式，因此也很难了解和享有法治的优长。而所谓"司法腐败"之所以如此有害，恰恰是因为这种现象具有深刻的制度根源。"司法腐败"表现为滥用权力，也源于对权力的滥用。而在缺乏对权力的合理分配和制约的地方，滥用权力的倾向可以说是不可避免的。在过去二十年里，我们看到，人们通过比如人民代表大会和公共舆论监督机制，与滥用权力和腐败现象进行了顽强的斗争。我们不能说这种斗争没有奏效，但是很显然，这种努力的结果非常有限。因为，已有的民主机构由于受现行体制限制，并不能充分行使其依法享有的监督职能。一般舆论监督，更因为资源与空间甚为有限，不可能对权力形成有力的制约。更不用说，迄今为止，民主参与的方式仍然受到很大限制。但是，从民众对滥用公权、以权谋私现象的憎恶里，从人们在极为有限的空间内通过民主方式与这类现象进行不懈的抗争中，我们不但可以确知大众对于民主参与的热情，而且可以期待广泛的政治参与对权力制约产生的积极影响。只有到那一天，人们才可能把法律与公正联系在一起，才可能尊重法律，相信法治。

　　民主参与也有助于弥合法律与个人经验之间的裂隙。一方面，通过加强基层社会的民主制度，提高社区自治程度，推动社会的多元发展，人们可以更多地管理自己的事务，从而缩小社会规范与生活经验之间的差距。另一方面，广泛的民主参与，尤其是对立法和司法过程的民主参与，有可能大大缩小目前存在的法律与社会生活之间的严重脱节。如前所述，这种脱节部分地源于近代以来的社会变迁：一方面，国家在"改造"社会的过程中常常要"超前立法"，另一方面，在变革时期，社会生活的迅速变化又经常造成"法律滞后"。这两种情况下法律与社会的脱节都因为立法中的所谓"长官意志"而加强。在现行体制下，立法程序虽然较以前细致和合理，但基本上仍然保持着一种"计划型"的和非民主的特点。由于缺少沟通渠道，个人的和团体的利益以及一些地方性利益得不到适当的表达，更难对立法产生影响，相反，行政部门在保有大量规章制定权的同时，还以各种方式影响立法，力图维护其部门利益。在80年代以来因为社会转型和制度变革引起利益重新分配的条件下，这一现象尤为突出。与立法方面的情况相比，司法方面民主参与的途径更为有限，虽然法律很早就建立了人民陪审员制度，但是这种制度始终流于形式，并不能真正发挥其作用。因此，即使只是利用现有制度，司法的民主化程度也将大大提高。

最后，广泛的民主参与本身就是一种新的和有益的生活经验，而当这种经验与人们对法律的新的经验结合在一起的时候，法治的正当性就会牢固地建立起来。可以注意的是，作为"五四"新文化运动的口号之一，民主的理念比法治的概念更早为中国民众所了解，部分地因为这个原因，在过去的一个世纪里，"民主"的口号远比"法治"更加响亮，也更容易亲近，以至人们有理由认为，民主的正当性在中国有着更为坚实的基础。然而，这并不意味着民主制度在这里遇到的问题比较法治所遇到的更少或者更容易克服，实际上，民主制度所面临的挑战和法治所面临的一样严峻。虽然在过去二十年里，以市场化为基本内容的经济改革促进了利益的多元化和利益表达的正当化，同时也激发了人们自我管理和政治参与的热情，但总的来说，一个具有多元性和自主性的社会以及一种与这种社会内在地结合在一起的民主制度不仅没有建立起来，而且还面临种种难以克服的制度上的障碍。其中一个突出的问题，恰恰是法治不存。[82]

法治的民主

在强调了民主制度的发展对于实现法治的重要意义之后，我们不能够忽略这一关系的另一面，即立宪和法治对于一种健全的民主制度的不可或缺的重要性。

从历史上看，民主和法治之间并不一定存在互为条件的关系，在特定条件下，一种民主制度可以在存在于一个没有法治的社会，相反，一个法治社会也可能不需要公民的政治参与。[83] 然而，正如我们所见，这至少不是当代中国社会所面临的情况。在中国，法治的目标必须在广泛政治参与的情况下才可能实现，同样，真正的民主制度的发展不能没有法治的保障。这不仅是因为，公民依法享有的政治自由如言论自由和结社自由本身即是实行民主制度的基础，也不仅是因为，在现代社会，包括民主制度在内的所有重要的政治和社会实践均不可避免地借助于法律的形式来表达，并因此而获得制度上的保障，更是因为，中国近代尤其是最近五十年以来的民主实践，以一种无可辩驳的反面形式向我们证明，没有法治的民主不仅缺乏制度保障，不能够持久，而且容易被滥用而变得畸形，甚至产生灾难性的后果。史无前例的"文化大革命"就是这样一个显明的例证。

自然，人们可以说，但这只是证明了民主可以被滥用这一事实。最耐人寻味的是，这一假民主之名实行最激进的政治实验的历史时刻，也正是法律被漠视、个人自由和尊严被牺牲最严峻的时刻。这段历史经验向我们揭明，没有法治所保障的个人自由，民主可能被利用、滥用和扭曲到何种程度，社会秩序与个人尊严可能蒙受怎样可怕的损害。这段历史还提醒我们，民主和法治所保障的利益和价值不同，它们各自要求的条件也不同，因此，即使在一般情况下，我们也必须考虑它们二者之间既互相支持又互相制约的微妙关系。

的确，民主和法治指向的目标并不相同。民主的要义是公民的政治参与，是自我管理和多数原则，而法治的基本旨趣是限制专断的权力和保障个人自由。虽然在一方面，享有基本的个人自由是公民政治参与的前提,而公民通过政治参与又可能进一步拓展个人自由的空间;但是另一方面,这两种目标之间又可能存在某种内在紧张。因为,民主的多数决定原则既可能受多数人自我利益甚至激情的左右而令少数人利益蒙受损害,也可以在追求集体性目标的同时忽略甚至牺牲个人权利。[84] 在中国的语境里,这种情形尤为突出。在传统的价值序列里,国家利益、社会利益、集体利益都无可置疑地优先于个人利益,为满足前者,常常可以牺牲后者,同样,相对于多数(尤其是所谓"大多数"),少数人的利益和权利总是被置于某种次要位置。近代以降,这种价值排序并没有因为政治革命或者社会变迁而改变,相反,它在持续多年的"救亡"运动和后来的共产主义革命运动中得到延续甚至强化。因此,毫不奇怪,我们熟悉的对民主的要求可以是"人民当家作主","大多数人的利益","群众"自治,"社会"监督,等等,但是绝少涉及个人自由和个人权利,而在民主实践中,以民主方式侵犯个人权利之事,无论过去还是现在都屡见不鲜。此外,我们还注意到,在缺乏法律制约的地方,基层社会的民主同样是脆弱的和容易被人利用和操纵的,其结果,社区自治有可能蜕变为某种地方势力的"独立王国",在那里,个人也许可以较少受到国家的直接干预,其代价则是一种新的依附地位。[85] 显然,在这两种情况下,法治都是绝对必要的。

法治与民主的另一种区别是,法治要求国家的直接介入,民主却可以由公民自己去实行。相应地，法治的实施更具有统一性，民主的实行则更具有分散的和多元的特点。当然，这并不是说，法治是一种国家事务，民主只是社会的组织原则，与国家无关。作为现代社会的一种基本政治制度和国家组织原则，民主当然也是国家事务。但是在比如基层民主或者社区自治方面，我们确实可以看到，民主与法治的内在紧张有时表现为国家法律与社会自我管理实践之间的潜在冲突。毕竟，法治不仅仅是一种秩序原则，它还包含许多有具体内容的规则；它不只是要求人们遵从法律，而且要求人们满足一些具体的要求。问题是，什么样的要求是合理的？什么样的法律对于社会的健康发展是有益的？

以往，"新"国家通过"超前立法"去改造"旧"社会，因此有所谓"规划的社会变迁"。这种模式的一个潜在的危险是，国家试图包揽全部的社会事务，以所谓"理性"代替传统，用人为的规划去取代自生的社会秩序。而在今天，通过基层民主实践和加强社区自治，社会有可能从以往人为造成的束缚中间逐渐解放出来，成为和国家同等重要的社会发展的动力源。

那么，在通过法治保障个人权利，包括维护公民各项民主权利，和通过民主实践提高公民自我管理能力和社区自治程度之间，在相对统一的国家立法和具有地域的、文化的、族群的和社会与经济发展多样性的多元社会之间，[86]什么样的原则是可能的和适宜的？如果社会是多元的，如果我们坚持多元社会的原则，法治应当怎样？法治可以是多元的吗？或者，法治如何容纳多元？作为一种制度化的规范体系，法律应当从什么地方开始，在那里止步？国家与社会的关系应当怎样？公域与私域的界线在哪里？

显然，这些问题并不容易回答。不过，如果我们着眼于活生生的现实而不拘泥于僵化的教条，如果我们在关注现在的同时也把过去和未来引入视野，如果我们在国家之外也看到社会，在社会当中也看到个人，我们就有可能保有某种创造性地想象和建设未来的能力。比如，我们不但可以想象一个多姿多彩的多元社会，也可以想象一种充分反映和维护这种多样性和丰富性的法治，这种法治不但可以容纳"一国两制"（甚至"一国多制"）、地方自治和民族自治，而且将为这种多样性提供真正有效的制度保障。[87]同样，我们也可以想象一种处理多数与少数、集体与个人之间矛盾与冲突的原则，根据这种原则，在主要涉及集体性事务和利益的时候，应当尊重通过民主程序表达的多数人的意志，在主要涉及个人事务时，则应以个人意志为优先。法律既不应假民主之名任由多数人牺牲少数人的权利，也不应从一种僵硬的个人权利的立场出发，无视历史传统、地方习俗和多数人意志。法律应当为社会中的每一个成员提供尽可能多的选择和尽可能大的活动空间。这样一种原则或者可以称之为"当事人原则"。[88]

与近代以来欧美国家的经验不同，中国的民主不是在一个已经建立起来的立宪制度框架里面逐步得到发展。我们必须同时解决民主和法治这两个问题，这不仅是因为我们对此二者的需要同样迫切，而且是因为我们不可能在不考虑另一项事业的情况下单独地完成其中任何一项事业。不过，民主与法治的这种相互依存关系并不要求某种一次性的成就，否则，无论民主还是法治都永无成功之日。实际情况是，法治的目标可以通过渐进的改善而逐步接近，民主制度也可以不同方式和在不同范围内推行和发展。而当这两种制度形式在实践中结合在一起，就会产生积极的和建设性的结果。

七 结语：社会转型与文化重建

许多人用"社会转型"一词来描述 80 年代以来中国的社会变迁，这固然不错，但是根据本文的看法，我们现在所经历的这场变化实际上只是一个世纪以前开始的一场更大的社会变迁的一部分，本文把这场已经延续了一个世纪之久的规模巨大的社会变迁称为社会转型。

我们已经谈到这场社会转变的主题，谈到直接引起这场转变的社会危机。读者或许已经注意到，这不是寻常意义上的社会危机，因为它不只是发生在社会的某一方面或领域，也不只限于某一社会阶层。这是一场"整体性危机"，[89]它涉及整个社会，整个文明，涉及到社会与文明的重建和寻找新的自我认同。我把这种危机理解为内在的，并不是要否认外部世界的影响，而是要强调，不仅造成危机的重大社会问题出于社会内部，而且面对和试图解决这些问题的行动主体也出于同一社会，促使他们行动的利益、情感和欲望无不植根于这个社会的历史、传统和日常生活之中。外部世界的变化构成了这一社会变迁的背景，它暴露出这个社会固有的问题，刺激人们思考和行动，不仅如此，它还为这个社会的变化提供了新的可能性，并以这种方式融入这个社会的发展之中。

把中国的法律现代化运动置于这样一个所谓社会转型的宏大图景之中，我们将得到什么样的印象呢？

首先，作为现代性方案的一部分，宪法、法治，以及现代法律制度的建立和完善，已经为近代以来的历史证明是必要的，它不但有历史的依据，而且，更重要的是，反映了这个社会的现实需要。尽管如此，在中国实现法治仍需要付出艰苦的努力，因为它本身也是一项复杂的事业，不仅涉及原则和制度，而且涉及认知方式和生活经验。

其次，虽然当代中国社会迫切地需要法治，虽然法治的逐步实现可能为人们带来巨大的好处，但是它不可能包罗所有的社会领域，也不能够解决所有的社会问题。对于一个公正的社会来说，法治只是其必要条件而非充分条件。而在今天的中国，法治的目标本身也要借助于法律以外其他社会制度和社会实践的发展才可能达到。意识到这一点，我们在讨论法治问题时就会一面把注意力集中于法治的基本原则、制度结构和作用机制，一面考虑法治在整个社会转型、文化重建过程中的位置，考虑法治与社会发展和制度变革其他方面的相互联系。

再次，尽管中国的立宪运动已经有将近一百年的历史，而且今天正在进行的法律改革有可能把我们带入一个法治事业的新阶段，中国的法治仍然面临严重的挑战。这种挑战部分来自于现实生活中的利益冲突，部分来自于社会变迁本身，部分来自于心灵的积习，但是不管怎样，它们都不是不可克服的。本文力图证明，一个多元的、理性的和能够自我调节的社会的存在和广泛的政治参与是推动法治事业、确立法治正当性的一条重要途径。

最后，本文还试图说明，中国社会不仅需要通过民主实现的法治，而且需要法治保障之下的民主。法治与民主的相互支持有可能通过保持其内在紧张的办法获得实现。所谓"当事人原则"，就是为了达成国家、社会与个人之间的健康互动关系和适度平衡。这里，我无意否认国家在现代社会生活中的重要性，问题是，国家应当扮演恰当的角色，否则就可能造成灾难性的后果。因此，如何创造一种必要的条件，一种有效的制度安排与社会结构，实现国家、社会与个人之间的适度平衡，应当是未来几十年内中国政治、法律与社会的理论和实践的主要任务。

处于社会转型时期的中国社会正面临一系列重大问题，要及时和恰当地解决这些问题不仅需要明智的决断，而且需要想象力和创造力。此刻，中国社会的未来是不确定的，这是一个开放的未来，我们必须自己去创造它，也就是说，我们必须自己去确定现代中国的含义。这就是所谓制度建构，这就是所谓文化重建。在这一天到来之前，我们不能够确知最后的结果，不过有一点应当是确定的，那就是，我们既需要一个强有力的和守法的国家，也需要一个健康而有活力的社会，更需要无数享有自由与尊严的个人。为此，我们既需要法治，也需要民主。法治与民主的有效结合，是实现中国统一和稳定的制度保障，也是文化重建的制度基础，而通过推行法治，加强公民意识，提高公民的政治参与能力，和在新的政治与社会实践中积累新的生活经验，使理性的精神融入整个社会，逐步建立起一个现代的、多元的和理性的社会，应当是社会转型时期的重要目标。

[原载《在边缘处思考》，法律出版社，2010年]

注释

1 人们注意到，江泽民在中共第十五次党代会上的这一权威性表述，是中共历史上第一次正式以"法治"一词来取代"法制"二字。

2 造成这种结果的原因是多种多样的,其中,重开"法制"讨论时的历史背景,此后的政治发展状况,以及讨论参与者的个人经历等,都应当被视为重要因素。在此,我无意苛责当时的学者,而只想指出有关论争的局限性,而这对我们把这场讨论推向深入无疑是非常重要的。

3 诸如此类的口号还有比如"科学的时代""权利的时代"等等。作为对一个时代某种发展趋势的把握与概括,或者,作为人们信念与追求的一种表达,这些和其他类似的表述自然有其合理的一面。然而,这些化约式的"宏大"(Grand)表述常常掩盖甚至抹煞了许多有意味的差异和冲突,结果不仅造成思想的简单化、绝对化和理论思考的贫乏,还可能变成一种统制性和压迫性的力量。实际上,这类情形在中国近一百年的社会发展中可以说屡见不鲜。

4 "现代化"和"进步"是人们很少加以探究和追问的另外两个"宏大"概念。我曾在其他地方简要地讨论了"进步"这一概念,见梁治平《关于进步观念的若干思考》,载《中国社会科学季刊》(香港),总第8期,1994年夏季卷。

5 在一般规范性意义上,意识形态一词指的是某一个人或群体并非基于纯粹知识的理由所秉持的一组信仰和价值,它们形成了一种可以用来满足此一个人或者群体利益的针对世界的特殊式样的解释。在此之外,我也在一种更加日常化的意义上使用意识形态一词,即视之为一种具有封闭特点的思想体系,其中的观念、价值、学说等往往被人视为当然,不容置疑和反思。

6 Aristotle, *Politics*, 1286a9.

7 在法学家那里,关于法律是什么的问题争论得异常激烈,有些人将法律与"好"的法律("良法""善法")联系在一起,因此倾向于更严格地定义法律的概念。我在这里所说的"法律",毋宁说更接近于它在社会学上的意义。

8 参阅 Steven J. Burton, "Particularism, Discretion, and the Rule of Law", in Ian Shapiro ed., *The Rule of Law*, pp. 178-201. New York University Press, 1994.

9 持这种法治观的人包括从 Lon Fuller、John Rawls 到 Hayek，Raz 和美国联邦最高法院现任大法官 Antonin Scalia 等具有不同思想、经验背景和学术传承的学者。参阅 Steven J. Burton 上引文。

10 对这两种法治理论的一般性介绍，参见周天玮《法治的理念》，载氏所著《苏格拉底与孟子的虚拟对话》，天下远见出版公司，1998年。

11 Randall Peerenboom 在其新近发表的关于中国当代法治问题的文章里，也采用了形式的法治理论，其理由主要是，在跨文化研究中，形式的法治理论可以提供最大公约数。详见 Randall Peerenboom, "Rulling the Country in Accordance with Law", in *Cultural Dynamics*, 11(3): 315-351, 1999.

12 转引自 Joseph Raz, *The Authority of Law*, pp. 210-211. Clarendon Press, 1983.

13 我曾在其他地方详细讨论了传统上法律与道德的这种关系及其结果，详见梁治平《寻求自然秩序中的和谐》，尤其第9—11章，中国政法大学出版社，1997年。

14 这样说完全不排斥对宪法和法律进行必要的修订，因为即使从程序化的法治概念出发，也仍有大量立法的工作有待完成，这其中包括根据法治和立宪诸原则重新考虑宪法上的制度安排，也包括重新审视、调整和梳理现行的法律、法规、行政规章和各种规范性文件，剔除其中互相矛盾、不合理和非法的部分，使之合理化。

15 在政治学上，国家、政党、政府、行政权力等概念都有明确的界分，但本文在讨论中国问题时常常交换使用这些不同的概念。这是因为，尽管中国已经开始了包括党政分开内容的政治体制改革，但是国家与政府以及立法、司法和行政之间的合乎立宪原则的分离仍未完全实现，其中，所有权力的行使都具有行政性特征。

16 Lon L. Fuller, *The Morality of Law* (revised edition), p. 39. Yale University Press, 1969.

17 Joseph Raz, *The Authority of Law*, p. 213.

18 ibid. pp. 214-218.

19 Fuller, p. 97.

20 参阅 Judith N. Shklar, "Political Theory and The Rule of Law", in Hutchinson & Monahan ed., *The Rule of Law: Ideal or Ideology*, pp. 1-16. Carswell, Toronto, 1987.

21 Raz, p. 211.

22 ibid. pp. 225-226.

23 Fuller, pp. 156-161, 184.

24 ibid. pp. 162-163.

25 John Finnis, *Natural Law and Natural Rights*, pp. 270-272. Clarendon Press, 1996.

26 ibid. pp. 272-273. 值得注意的是，强调法律与道德的分野和从所谓"工具论"的立场去看法治，并不意味着否认法律以及作为法律之内在优长的法治与人类其他基本价值之间可能有的联系。比如，Raz 也指出，法律若要尊重人类尊严和人的自主性，就必须遵循法治的原则；有意漠视或者破坏法治则侵犯了人类尊严。（Raz，221）换言之，Raz 并不认为是否遵循法治在道德上面无关紧要。

27 这种传统可以直接追溯到霍布斯和洛克，当代许多有关法治的论辩也可以追溯到这两位古典作家。Michael P. Zuckert 仔细比较了霍布斯和洛克的法治理论及其在当代法治论争中的衍变，认为前者基于纯粹的"形式主义"，后者则不满于此，而有所谓"立宪主义的法治"。不过在另一方面，作者同时也指出，与当代的"洛克式"理论相比，洛克的最高立法者与霍布斯的主权者更为接近，不仅如此，洛克也比他的当代追随者们更强调法律与道德的分野。详见 Michael P. Zuckert, "Hobbes, Locke, and the Problem of the Rule of Law", in Ian Shapiro ed., *The Rule of Law*, pp. 63-79. New York University Press, 1994. 这里，如果对本文所讨论的"形式主义"的法治理论做更细致的了解，我们也会发现，因为强调司法独立和司法审查权，Raz 的形式主义法治论实际很接近"立宪主义的法治"；同样，当代自然法传统的捍卫者之所以能够接受和赞同"形式主义"的法治理论，也是因为他们注意到法律过程与道德追求之间的区别及其重要性。关于这一点，参见 John Finnis 上引书，第 266—270 页。关于我们所讨论的这种强调可预测性和个人自主性的法治理论与当代自由主义之间的内在联系，参阅 Jeremy Waldron, "The Rule of Law in Contemporary Liberal Theory", in *Ratio Juris.* Vol. 2 No. 1 March 1989 (79-96)。

28 这里所谓理性，不只表现于以理性方式建构的合理的程序性制度方面，更表现在社会沟通与社会交往所奉行的公共理性原则上面。实际上，这种公共理性的原则和精神不仅是法治的基础，也是任何一个自由社会得以存续的必要条件。参阅 Gerald F. Gaus, "Public Reason and the Rule of Law", in *The Rule of Law*, ed., Ian Shapiro, pp. 328-363; Bruce A. Ackerman, *Social Justice in the Liberal State,* pp. 3-11, Yale University Press, 1980。

29 这样理解的法治概念，远不像人们通常以为的那样"浅"和"薄"

(thin),而且很显然,在中国实现这样的法治,要比改变和接受许多实质性的价值规范更难,因此也需要更长的时间。

30 这是哈耶克的法治论所关注的核心问题。在他那里,市场经济、个人自由与法治,这三者之间具有不可分割的密切关联。参阅陈奎德《海耶克》,第71—81页,第142页,东大图书公司,1999年。

31 Raz 把通过法治实现的自由与政治自由明确区分开来,参阅 Raz 上揭,第220—221页,这种看法容有争论。不过,我们至少可以在区别于其他形式的自由(比如哲学意义上的自由)的意义上来谈论政治自由。孟德斯鸠曾经把政治自由定义为"做法律所许可的一切事情的权利",并且视之为一种(因为法律保障而获得的)"安全感"。孟德斯鸠:《论法的精神》(上),第154页。北京,商务印书馆,1982。

32 参阅 Wm. Theodore de Bary, *Asian Values and Human Rights: A Confucian Communitarian Perspective,* pp. 90-117. Harvard University Press, 1998.

33 关于清代州县诉讼的情况,参阅夫马进《明清时代的讼师与诉讼制度》,范愉、王亚新译,载王亚新、梁治平编《明清时期的民事审判与民间契约》,第389—430页,法律出版社,1998年;黄宗智:《民事审判与民间调解:清代的表达与实践》,第165—174页,中国社会科学出版社,1998年。

34 参阅寺田浩明《权利与冤抑》,王亚新译,载王亚新、梁治平编《明清时期的民事审判与民间契约》,第191—265页,法律出版社,1998年;梁治平:《清代习惯法:社会与国家》,第127—140页,中国政法大学出版社,1996年。

35 参阅黄仁宇《万历十五年》,第153页,中华书局,1982年。关于清代地方行政与正式制度乖离的情形,参阅 Ch'u, T'ung-tsu, *Local Government in China*, Cambridge, Mass., Harvard University Press, 1962.

36 关于这段法律沿革与改造的历史,我在其他地方有简略的叙述,见梁治平《法律实证主义在中国》,载《中国文化》第 8 期,1993 年。

37 Giddens 指出:"民族—国家较传统国家远为有效地集中了行政力量,因此,即使是很小的国家也能够动员较前现代体制所能动员的更多的社会资源和经济资源。资本主义生产,特别是与工业主义联手时,极大地增加了经济财富和军事力量。所有这些因素的结合使得西方的扩张似乎不可抗拒。"Anthony Giddens, *The Consequences of Monernity*, p. 63, Stanford University Press, 1990.

38 这种说法很像是一个悖论,但却是真实的。即使不考虑 1949 年以后中国政府为建立现代工业体系所做的努力,想想在诸如"科学"和"社会进步"一类名义下基层社会组织尤其是家庭——传统社会最基本也最具重要性的社会组织——方面发生的革命性变化,谁也不能简单地断言,这一实践完全是一个反现代性事件。遗憾的是,人们要么把这段历史不加区别地看成是中国现代化事业的一个阶段,要么简单地视之为一种反现代性事件,或者,把它看成一种改头换面的传统的延续,以至对于这一对当代以及未来中国社会都具有深刻影响的历史事件的复杂性,一直缺乏足够的认识和细致的了解。

39 相关的发展,参阅季卫东《中国宪法改革的途径与财产权问题》,载《当代中国研究》1999 年第 3 期,第 26—53 页。

40 L. Fuller 把法律定义为"使人类行为受规则统制的事业",见 Fuller 上引书第 74 页和 106 页;H.L.A. Hart 把法律理解为两种规则的结合,见氏所著 *The Concept of Law*. Clarendon Press, Oxford, 1961; 足见规则在法律中的重要意义。实际上,即使是对上述理论持批评态度的法学家如 Ronald Dworkin,也没有简单地否定规则的重要性,而只是把重点由规则本身转移到了对规则的解释上面。参见 Alan Hunt, *Explorations*

in Law and Society. pp. 301-305. Routledge, 1993。

41 当然,在不同的社会和文化里,人们对规则的理解不尽相同,运用规则的范围,以及,规则的作用和意义等,也不一样。与欧洲法律传统相比,中国法律传统倾向于更有弹性和更灵活地理解和运用规则。尽管如此,在这一传统内部,不但存在一个庞大的规则体系,而且不断有关于如何对待和运用规则的论争。

42 保证罪、刑相称、相当,可以说是中国传统法律的一种基本精神;仔细区分不同的案件,使相同案件得到相同处置,也是传统中国法律一以贯之的原则。它们都涉及人世间乃至宇宙间的秩序与和谐,涉及统治的合法性,也因此为人们特别关注。浏览一下收录了大量案例的清代文献如《刑案汇览》,人们对这一点会有深刻的印象。

43 自然,这里提到的事项并不是作为一套完整的法治原则来加以阐述,因此既不够明确,也不够完整,其具体实践更不够彻底。然而,这里想要说明的只是,我们今天所谈论的法治,就其具体内容而言,既不是中国法律传统中所完全缺乏的,也不是这一传统无法接受的和必须拒斥的。

44 参阅威廉·琼斯:"大清律例研究",苏亦工译,载高道蕴等编《美国学者论中国法律传统》,中国政法大学出版社,1994年。

45 参阅梁治平《"法"辨》,载《中国社会科学》1986年第4期。

46 参阅严复《孟德斯鸠法意·卷二·按语》。在严复那里,对传统法制的这一观照,因现代意识的反衬而显得格外突出。

47 参阅滋贺秀三《清代诉讼制度之民事法源的概括性考察——情、理、法》,载王亚新、梁治平编《明清时期的民事审判与民间契约》,第19—53页,法律出版社,1998年;又参见梁治平《寻求自然秩序中的和谐》。

48 参阅梁治平《寻求自然秩序中的和谐》。

49 费孝通先生称之为"差序格局",见氏所著《乡土中国》。这是一个很传神的说法。实际上,这种社会关系的建构模式对正式与非正式制度的发展都具有重要影响。非正式制度方面的事例,参阅梁治平《清代习惯法:社会与国家》,第120—126页,第153—166页。

50 我们可以由"关系""人情""面子"一类观念的流行程度测知所谓"特殊主义"模式的有效性。不过,这里需要指出的是,无论过去还是现在,即使是在社会内部也一直存在着"特殊主义"与反"特殊主义"的对抗。"铁面无私""一视同仁"始终是流行不辍的价值。

51 在有关中国法治问题的域外讨论中,一般的看法认为,即使在经过20年的法律重建运动之后,中国社会仍然不是一个完全的法治社会。可以注意的是,最近的一些文章强调法治本身是一种理想,法治的实现也只是程度问题,进而寻求在中国的语境中确定"法治"的概念,不过,有些看法显然走得太远,如认为在"规范"的层面上,中国不能被认为是一个没有法治的社会,而在制度实践的层面,考虑其政治的、经济的和社会的发展水平,现阶段的中国其实并不需要"法治"。见 Michael W. Dowdle, "Heretical Laments: China and the Fallacies of 'Rule of Law'", in *Cultural Dynamics*, 11(3): 285-314, 1999.

52 这一类努力包括传统的、可以说从未中断过的鸣冤上访,也包括颇具现代社会生活特征的各种类型的诉讼。

53 毫无疑问,近二十年来,民众(尤其都市居民)的法律意识已经有了相当大的改变,把法律视为某种权利保障机制,并且运用法律保护其合法利益的人显然越来越多。

54 把所谓"民愤"当作一项定罪量刑的标准、召开规模巨大的"公审大会"等等,至今仍然非常流行。我在其他地方曾就相关案例做过简单的分析，详见梁治平《乡土社会中的法律与秩序》，载王铭铭、王斯福编《乡土社会中的公正、秩序与权威》，第415—480页，中国政法大学出版社，1997年。

55 这种制度安排造成了一种可以称之为"怪圈"的恶性循环，即一方面，通过一套远比"上诉"制度广泛和复杂的制度性安排，法律的一部分目标可以更有效地得到实现（至少并且尤其是在现行体制之下）；但是另一方面，这一过程本身恰好是以牺牲法律的自主性以及法治据以建立的内在依据为代价的。关于这一点，我曾就一具体案例作过简略的分析。见梁治平《什么样的法治？》。

56 这种情形常常使问题变得相当复杂，容易让人们产生错觉，进而得出一些至少是简单化的结论。比如，人们做有关公民权利意识的调查和研究，通常只注意被调查被研究者是否使用"权利"这一用语，而很少去注意这一用语在具体语境中的确切含义。这种研究自然无法深入。

57 有人认为，"实用理性"是儒家思想传统的一个特征。见李泽厚《中国古代思想史论》，人民出版社，1985年。我则更注意和强调体现于所谓小传统中的"实用理性"，相应地，我用这个词指普通民众当中一种基于日常生活经验的、实用的和根据环境变化而调整其目标和行为的理性取向，参见梁治平《清代习惯法：社会与国家》和"乡土社会中的法律与秩序"。需要指出的是，讲求实用理性并不意味着变化无定，但是相对于某些制度性宗教传统，注重实用理性的文化传统可以说包含较多变化的可能。

58 这种看法至少可以追溯到18世纪，由孟德斯鸠开其端绪。中经黑格尔、马克思，到20世纪的Wittfogel，一直流传至今，在1980年代的中国知识分子中间还可以听到强烈的回应。关于"亚细亚生产方式"

和"东方专制主义"的讨论，可以参阅 Anne M. Bailey and Josep R. Llobera 合编的 *The Asiatic Mode of Production*, Routledge & Kegan Paul Ltd, 1981。

59 这种看法导致中国历史研究中研究单位的改变，使研究对象由"国家"转移至"社区"（或社群）。实际上，这种改变可以被视为对此前以国家为基本研究单位之研究方法的反动。但是，这种反动也走得太远，因而引起当代学者的重新检讨。这种观点的一个代表是费孝通的《乡土中国》，三联书店，1984年；对其观点的检讨，见梁治平《从"礼治"到"法治"？》。

60 在这样的意义上，可以说中国古代的法律与习俗并不是截然可分的两种事物，它们更像是一个连续体的两端，尽管这并不意味着这个连续体同时也是一个同质体，内部没有空缺、矛盾和冲突。有关论述参见梁治平《清代习惯法：社会与国家》，尤其"导论"部分。

61 这些现象与措施本身即是所谓现代性的一项重要内容。

62 从很早开始，人们就在谈论"进步的法律"（或上层建筑）与"落后的社会"（或经济基础）之间的矛盾。参见蔡枢衡《中国法律之批判》（正中书局，1942年）和《中国法理学自觉的发展》（1947年）；李达：《法理学大纲》，法律出版社，1983年。1949年以后，法律在社会中的作用固然大为减弱，但是，改造社会始终是中国共产主义实践的基本任务之一。今天，这种特殊关系仍然可以在比如"超前立法"这样的简单用语中看到。在理解最近二十年来的"普法"运动时，我们可以而且应当加上这一层意蕴。

63 作为主权者的国家，对外享有不可侵犯的独立和平等地位，对内则独享对合法武力的垄断，这本身即是一种现代性特征，如何使这样一个空前强大有力的政治"巨兽"（霍布斯的"利维坦"）在行使其巨大权力的同时受到法律的约束，因此也成为一个重大而且棘手的现代性的问题。可以说，西方近代以来的政治理论和政治实践，无论立宪主义、法治还是分权与制衡，都是为了回答和解决这一问题而发展起来的。

64 在《乡土中国》一书中，费孝通区分了横暴的权力与教化的权力，认为乡土社会的秩序主要是建立在教化的权力的基础之上。其他人如孙中山或者梁漱溟谈到的传统社会中的自由，也可以在这样的意义上来理解。

65 在汉语学术界，civil society 一词并无统一译名，常见的译法有公民社会、市民社会和民间社会。有关的讨论，见王绍光《关于"市民社会"的几点思考》，载《二十一世纪》第 102—114 页，1991 年 12 月，第 8 期。基于我对该词的理解，公民社会和市民社会分别指示出 civil society 概念的不同侧面，因此，本文暂使用"公民社会／市民社会"这一表达式。同时，我将用"民间社会"一词来概括一种传统的社会组织形式。关于这种区分的理由，我将另文讨论。

66 60 年代以来，市民社会的概念重新引起政治理论家们的关注，其理论内涵与实践意义也因此得到进一步的发展。参阅 Charles Taylor, "Invoking Civil Society", in Charles Taylor, *Philosophical Arguments*, pp. 204-224, Harvard University Press。关于这一概念在中国语境中可能具有的意义，见上印王绍光文；又见石元康《市民社会与重本抑末——中国现代化道路上的障碍》，载《二十一世纪》，第 105—120 页，1991 年 8 月，第 6 期；梁治平《市场 国家 公共领域》，载《读书》1996 年第 5 期。

67 这方面业已产生了相当数量的文献。专门的讨论，参阅 *Modern China*, Vol. 19 No. 2, 1993 关于"中国的'公共领域'／'市民社会'？"的专题讨论。相关的评介，见顾欣《当代中国社会有无公民社会和公共空间？》，载《当代中国研究》第57—73页，1994年第4期；杨念群《近代中国研究中的市民社会——方法及限度》，载《二十一世纪》1995年12月号。近年出版的专门讨论中国公民社会的著作中，Gordon White 等著 *In search of Civil Society* (Clarendon Press, Oxford, 1996) 概念清晰、资料翔实、分析和结论亦较中肯，最值得参考。

68 比如，黄宗智教授认为，"市民社会"是一个从西方近代历史经验中抽象出来的概念，这个概念在被应用于中国历史研究时预先假定了国家与社会的二元对立，因此是不合适的。详见黄宗智《国家与社会之间的第三领域》，载甘阳编《社会主义：后冷战时代的思索》，牛津大学出版社，1995年。对黄氏观点的进一步讨论，参见梁治平《清代习惯法：社会与国家》"导言"部分。

69 传统语汇中并没有现代意义上的社会一词，但正是"社""会"一类单字所指称的社会组织形式构成了当时人们所说的"民间"的重要组成部分，我们可以由此去了解传统中国的社会形态。有关"会""社"的研究，参见陈宝良《中国的会与社》，浙江人民出版社，1994年。

70 Theodore de Bary 在他的新著中讨论了这一问题，参阅氏所著 *Asian Values and Human Rights*, pp.13-15。

71 在论及农村家族组织、民间宗教活动和农村地区社会生活（包括法律生活）的官方文件、报刊文章乃至学者的论著中，充斥了这类精英主义的观点、

72 这种情形在最近一个世纪以来的各种文化讨论和清算传统的运动中甚为常见。

73 参阅赵冈《中国经济制度史论》，联经出版公司，1986年。

74 从1950年代的所谓社会主义改造完成之后，直到1970年代末期，"割

资本主义尾巴"一直是社会主义中国抵御"自发的"资本主义进攻的一项基本任务,而这种自发的资本主义被认为是"每日每时""大量产生"的。

75 参阅周其仁编《农村变革与中国发展:1978—1989》,牛津大学出版社,1994年;梁治平《多元视野中的法律与秩序》,载《二十一世纪》1998年6月号。

76 严格说来,发生在这些领域中的事件尚不能称之为社会运动,首先是由于具有相对自主性的社会空间的发展受到诸多限制,它们更多是以自发的形式出现,既缺乏良好的组织,也没有足够的联合意识,甚至,那些比较有组织力和号召力的参与者要时常检点自己的行为,以避免引起猜忌。尽管如此,这些每天都在发生的事件业已形成一定规模,成为一种不容忽视的社会现象。而且,我们也可以预言,随着经济改革的继续进行,相关的体制性(不但经济的而且政治的)调整将不可避免,在此过程中,社会空间将继续扩大,我们提到的这类社会运动也将得到进一步的发展。

77 农村地区家族方面的事例,参见钱杭《中国当代宗族的重建与重建环境》,载《中国社会科学季刊》(香港)第76—88页,1994年第2期。

78 即1954年宪法、1975年宪法和1978年宪法。在此之前,还有一部作为临时宪法的《共同纲领》。

79 关于当时围绕新法与礼教的论争,参阅《清末筹备立宪档案史料》,中华书局,1979年。

80 费孝通在《乡土中国》一书中谈到新的法律及法律设施推行下乡之后引起的社会问题。蔡枢衡和李达都把法律与社会的脱节作为其讨论的主题。

81 参阅 Roger Cotterrell, *The Sociology of Law: An Introdudction*, pp. 168-187,

Butterworths, 1984。这种变化成为当代许多围绕"法治"问题展开的讨论和论争的重要背景。见比如 William E. Scheuerman, *Between the Norm and the Exception,* MIT Press, 1997。

82 现行宪法和法律中有关公民自由的各种规定，因为缺乏必要的制度安排和程序保障而难以充分实现，而这些基本的社会、经济、政治和公民权利对于发展无论市民社会还是民主制度来说，都是必不可少的。

83 前者可以举古希腊的雅典为例，后者可以1997年以前的香港为例。

84 Jon Elster 仔细区分了运用多数原则可能侵犯个人权利的几种情形，并提出了用来对抗多数原则以保护个人权利的制度安排，后者包括立宪主义、司法审查以及分权与制衡。参阅氏所著"Majority Rule and Individual Rights", in Stephen Shute and Susan Hunley ed., *On Human Rights,* Basic Books, 1993。

85 实践中，这种情形甚为普遍，只是形式与程度不同而已。著名的"大丘庄"案不过是其中的一个著例罢了。

86 即使是在今天，中国社会内部规范性知识以及与之相关的社会秩序的多样性也是一个不容忽视的现实，相关的讨论，见梁治平《乡土社会中的法律与秩序》。

87 人们注意到，在长期为"中央与地方"关系问题困扰之后，现在有人开始谈论所谓"行为性联邦体制"现象。另一方面，在坚持中央集权体制的同时，政府出于政治与经济方面的考虑所实行的经济特区实验和"一国两制"，实际上已经把多元性带入到当代的政治和法律架构之中。因此，所谓多元的法制或者多元架构下的法治绝不是不可想象的。接下来的问题是，如何真正实现多元化原则，如何推广成功的经验，使中国未来的政治、经济和法律制度既能与社会的多样化发展保持协调，又能够切实保护个人自由与个人权利。

88 "当事人原则"着眼于利益的主体,因此与个人主义原则不同,但从另一个方面看,即使是多数人的决定也应当出于集体中每一个人的选择,而且也不应侵害少数人的权利,就此而言,"当事人原则"又与个人主义原则相通。实际上,强调社会中每一个人对其生活的选择和这种选择的不可替代性,并不一定导致个人与社会之间的截然分离。至少,古典作家在论述自由主义原则时,并没有虚设一种独立于社会和在社会之外思考、活动和选择的个人。当代一些自由主义者,基于对古典自由主义的这种阐释发展了自由主义理论。详见 Will Kymlicka, *Liberalism, Community and Culture*, Clarendon Press, Oxford, 1991。

89 这种说法强调某一社会危机极其深刻的精神性,一种全社会所经历的死而后生的经验。详见伯尔曼《法律与宗教》,梁治平译,三联书店,1992年。此外,在为该书写的译者序言当中,我讨论了近代以来中国社会所经历的所谓"整体性危机"。

从礼治到法治

一

根据一般流行的见解，传统的中国社会，从政治学的方面看，是一个"人治"的社会，从社会学的方面看，是一个"礼治"的社会，而无论"人治"还是"礼治"，在今天都不具有超越时代的意义，因为归根到底，它们只是另一种社会、另一个时代的范畴。在讲求自由、民主和法治的现代社会里面，这些范畴既不具有正当性，也无法成为一种积极的精神资源。

对繁复的社会事实进行分类和概括，这是人们认识和了解社会的一种基本手段；而且，把传统的中国社会定义为所谓"人治"的社会或者"礼治"的社会，恐怕也不能说是错误。不过，我们在这样做的时候确实面临着某种危险，那就是把对象简单化和将概念绝对化，把复杂多变和包含诸多差异的社会生活化约为一两种原则乃至口号，因而失去对社会生活丰富性的了解，看不到其中所包含的冲突、变化和推陈出新的可能性。事实上，作为一种日常话语实践，"礼治"与"法治"这一对概念的运用，常常具有某种绝对的意味，这一点不仅表现在人们对这样两种社会和秩序所作的截然划分上，也表现于他们对这种区分后面的支持性理论缺乏自觉的情形。为了揭示这种状况，我将从分析一个社会学家所建构的颇具影响的社会模式入手，通过将相关概念语境化和相对化的办法，达到对这些概念以及概念后面的理论的反思，重新把握被遮蔽的社会现实。

本文下面将分为四个部分。首先，我将介绍一种名之为"礼治秩序"的社会解释模式，[1]并描述其基本内容与特征；然后，我将引入一些相关的历史与社会材料，以检验这种理论对于社会现实的说明力；再其次，我将沿着同一思路扩大对相关历史与社会材料的追索，进而探求其中可能蕴含的理论意义。在结语部分，我将重新回到理论问题，并作简短的结论。

二

本文所要讨论的"礼治秩序"的概念出自著名社会学家费孝通先生。

在最初于1947年出版的《乡土中国》中，费氏试图从对中国本土社会的研究里面提炼出一些基本概念，并用它们来勾画中国乡村社会的面貌。这些概念包括"乡土社会""差序格局""礼治秩序""长老统治"等等。在费氏看来,中国基层社会是乡土性的,或者,用社会学家的话说,是所谓"礼俗社会"。[2] 在这种社会里面,人们安土重迁,其生活富于地方性。乡土社区的单位是村落,人们彼此熟悉,因此,这又是一个"没有陌生人的社会"。[3] 在这样一个社会里,"规矩不是法律,而是'习'出来的礼俗",[4] 换言之,乡村社会秩序的维持,在许多方面与现代社会秩序的维持是不同的。正是着眼于这一点,费氏不以"人""法"二字区分"人治"与"法治",而把它们的分别确定在维持秩序时所用的力量和所依据的规范的性质上面。从这里,便产生了"礼治秩序"的说法。

根据费氏的定义,"礼是社会公认合式的行为规范"。[5] 不过,仅就行为规范这一点来说,礼与法律无异。二者的不同在于,法律要靠国家权力来推行,礼却不需要有形的权力机构来维持。"维持礼这种规范的是传统";"传统是社会所累积的经验",[6] 通过教和学而代代相传。在缺少变动、代代如是的乡土社会,过去的经验常常可以用来作现下生活的指南,人们因此对传统抱有敬畏之感。作为所谓"合式的路子"的礼,即是"经教化过程而成为主动性的服膺于传统的习惯",[7] 而所谓礼治,"就是对传统规则的服膺"。[8] 这样的秩序自然要强调修身,提倡克己,和注重教化。有了纠纷,要用调解的办法来解决,打官司是可耻的事情,因为那表明教化不到。

"乡土社会"所描述的是一种特定的社会情态,"礼治秩序"所代表的则是一种秩序类型,二者之间具有紧密的内在关联。用费氏自己的话说,"礼治的可能必须以传统可以有效的应付生活问题为前提,乡土社会满足了这前提,因之它的秩序可以礼来维持"。[9] 相反,在一个变迁的社会里,传统的效力无法保证,只有大家在规定的办法下合作,才可能成功地应付共同问题,这样便产生了对法律和法治的要求。换句话说,"法治和礼治是发生在两种不同的社会情态中"。[10] 礼治社会是乡土社会的特色,法治则适合于变迁很快的社会和时代。社会情态改变了,秩序类型也必然要发生变化。

费氏在他的书里面并没有正面地和系统地论述法治的理念,但是他的"礼治秩序"概念却是在一个与之正相对应的概念即"法治"的对照下展开的。实际上,无论"乡土社会"还是"礼治秩序",都只有在一个历史的和比较性的框架里才是有意味的和可以理解的,而我们也确实可以从费氏的比较性论述当中理出一个"礼治"和"法治"的对比式来:在"礼治秩序"这一面,维系社会秩序的规范是礼,维持礼的力量则是传统和习惯;礼对于人的约束是内在的,即人通过教化而主动地服膺于礼;这种秩序注重修身和克己,依靠调解来解决纠纷;打官司被视为丑事,讼师更为众人所不齿;与这种秩序相配合的是一个缺少变化的社会,或者,用更加确定的说法,一个前现代的社会或传统社会。而在"法治"这一面,基本的规范是法律;法律靠了国家力量来实施,从外部对人加以约束;法律着眼于个人权利的保护,因此鼓励人们主张各自的权利,亦不以涉讼为耻,相反,专门的法律家如律师在这样的社会中占有重要位置;自然,与法治相配合的社会是一个变迁很快的社会,即我们所谓现代社会。如果把上面的对比式再加以简化,我们可以看到这样一组正相对应的概念:

礼治——法治

礼俗——法律

习惯/传统——国家权力

内在——外在

强调克己——主张权利

调解和教化——诉讼和审判

讼师——律师

相对不变——变动很快

传统社会——现代社会

对乡土社会的刻画和对礼治(秩序)与法治的区分,自然有助于人们认识和了解中国的社会现实,但这未必是作者唯一的和最终的目的。在费氏思考和写作这本小书的时候,中国社会正处于变化和动荡的转型时期。就其讨论的主题来说,一个引人注意同时也是令人感到困窘的问题是,现代的司法制度已经引进并且推行下乡,乡土社会中人的组织、行为和观念却没有发生相应的变化,结果是"现行的司法制度在乡间发生了很特殊的副作用,它破坏了原有的礼治秩序,但并不能有效的建立起法治秩序。……结果法治秩序的好处未得,而破坏礼治秩序的弊病却已先发生了"。[11] 要解决这样的问题,根据费氏的看法,除了把现代法律和法庭推行下乡之外,还应当在"社会结构和思想观念"上有一番改革。因为,归根到底,只有破坏了原有的乡土社会的传统,才可能使中国走上现代化的道路。[12]

费氏的问题意识很清楚。由于中国社会所经历的转变,礼治秩序已经失去了它的历史正当性,而且事实上,它也正在为法治秩序所取代。因此,问题仅仅是,如何推进这一历史进程,完成这一社会转变,同时尽量避免社会转型过程中可能出现的种种弊害。应该说,费氏当日对中国社会所作的观察是敏锐的,而他对于中国社会发展所抱持的这种看法,即使在今天仍然是颇具代表性的。[13] 不过,在这本小书问世将近半个世纪之后,面对新的社会理论与实践,我们似乎有责任也有理由重新思考这一问题。

三

在把费氏的"乡土社会"概念导入相关历史和社会情境之前,可以先对其方法论作一个简短的检讨。

费氏对于他所谓"乡土社会"的描述一方面建立在社区

观察的基础上面，另一方面也受到他对于中国社会一般了解的支持。不过，正如他自己在《乡土中国》的"重刊序言"中所说，这本小册子与他以前所写的社会学调查报告如《江村经济》等不同，"它不是一个具体社会的描写，而是从具体社会里提炼出的一些概念"。[14] 这些概念能够帮助我们一般地了解"中国基层传统社会"，了解它的特质和结构，它的支配着社会生活各个方面的"特具的体系"。[15] 换言之，"乡土社会"也好，"礼治秩序"也好，这些概念在时间和空间两个方面都具有远为广泛的适用性。[16] 问题是，费氏对于中国社会的直接观察和思考毕竟是被限制在特定的时空范围之内，而这一特定时空又恰好处于中国社会面临现代性挑战的转变过程之中，早已经不是单纯的"传统社会"，于是，费氏对"中国基层传统社会"的描述在多大程度上真实可靠，又在多大程度上因为其特定时空内的特殊经验而受到扭曲，就成了一个问题。[17]

指出上面这一点并不是要否认传统的连续性，而是想强调，即使是具有连续性的传统也常常在变化之中。经历了近代革命的中国社会不同于"传统的"中国社会固不待言，就是在"传统的"中国社会里面，秦汉与唐宋、唐宋与明清，其社会形态也都各不相同。事实上，费氏所刻画的"乡土中国"更接近于明清社会。这也很自然，因为正是明清社会，直接构成了近代中国社会变革的历史背景。也是因为这个缘故，对明清社会的了解，不仅有助于我们重新检讨费氏建构的所谓"乡土中国"的社会模式,而且对我们认识最近一百年来中国社会的变迁大有裨益。

费氏笔下的"中国基层传统社会"有两个特点,第一是它比较地缺乏变化,所谓"乡土特色"使得整个社会趋于静止;第二是只见"社会"不见"国家",以及相应地,只有"礼俗"没有"法律"。这种社会与我们现在所了解的明清时代的社会并不相同。许多学者的研究都表明,明清时期,尤其是清代,随着人口规模的迅速扩大,中国社会的商品经济和货币经济有了很大的发展,土地交易和土地的流转极为频繁,这使得整个社会内部充满动荡与不安。这种情况表现在法律上面,便是诉讼频仍和地方行政的不堪重负。比如据一位日本学者的保守估算,乾隆年间(1736—1795),普通州县一年可能收到一万五千到二万份状词;在一个有大约二万三千户人家的州县,每年作为新的原告或被告参与诉讼的在千人以上。[18] 当然,这种估算即便属实,也并不意味着清代社会与现代社会无别,或者,清代中国就已经开始进入法治时代。我们能够确定的只是,明清社会并不缺少变化,当时的基层社会也不是不见"国家",在那里,社会秩序单靠传统、习惯和礼俗尚不足以维系。

一个有意思的问题是,除了上面提到的一般原因,诉讼频仍的现象究竟是如何产生的?这些诉讼所要解决的问题是什么?以及,对于体现于诉讼中的社会要求,国家的司法制度是否能够予以满足?要全面回答这些问题,显然将大大超出本文的主题和篇幅，因此，下面仅就本文关心的问题，根据已有的研究作一个简单的叙述。

清代的诉讼，就其数量而言，一多半与所谓"户婚田土钱债"有关。当时，这一类事务被国家视为"民间细故"，并将处断的权限委之于州县官吏。[19] 然而，对普通民众而言，生活日用无非就是户婚田土钱债一类事情，遇有纠纷，若不能及时解决，其日常生活必然深受影响。尤其是田地房宅一类纠葛，关涉民人生计，故往往拼死相争。值得注意的是，民间这类利益纷争并不以"权利主张"的方式表现出来，同样，无论民间的调解还是官府的听讼，[20] 也都不是以界定"权利"为目标展开的。比如诉讼，当事人并不是依法主张其权利，而是以"喊冤"方式求"青天大老爷"为自己"做主"。为此，无论告、诉，状词总要列举对方"恶行"，如无理、霸道、欺压、殴打情事，且多夸张其词，期冀引起官府的注意与同情。官府这一面，则以更高道德权威的身份，站在"公"的立场上，[21] 在全面考察和考虑了各种具体因素的基础上，作出不偏不倚、合情合理的判断。[22] 所谓不偏不倚，就是取中，不偏私；所谓合情合理，即是考虑周全，既遵守当然之理（如"欠债还钱"），又照顾自然之情（如"事出无奈"之类）。[23] 因此，"在理"者不一定能获全胜，"无理"者也未必全败。自恃理直而不依不饶的态度和做法本身就会被看成是不近情理而遭受非议。[24]

与上述情形相对应，民间也并不存在与事实上的领有关系相分离的抽象权利以及保护这种权利的"所有权制度"。在比如与民生关系最为密切的土地方面,"所有的对象与其说是'物',不如说是一种'经营权',……土地所有权本身并没有成为一种国家的制度。因为所有者的地位并不由国家在他相对于社会以及国家权力的位置与作用这一制度层次上进行设定和承认,而只是体现在所有者从前一管业者手里取得的、眼下正在从事或转让负有税粮义务的经营收益以及周围人们对这种状态的一般了解和尊重"。[25] 换句话说,我们今天所谓的"土地所有权",当时只是一种建立在某种"来历"的基础之上并且获得一般社会承认的相对稳定的状态,一种介乎权利与事实之间的状态。从规范秩序的角度看,这种状态的稳定性与地方性惯例或我们所谓习惯法有关,但即使是习惯法,正如这个词本身的含义所表明的那样,也不能够提供一套脱离开事实的抽象规范。[26] 其结果,在明清时代,伴随着人口的巨大压力,以及人口与资源之间日益尖锐的矛盾,民间围绕着各个不同的"生业"而展开的斗争,就呈现出一种你挤过来、我推过去的暗暗较劲状态。[27] 明白了这一点,我们就不难了解,为什么当时的民间纠纷常常拌以各式各样的强力行为,从"图赖"式的"胡搅蛮缠"一直到关涉人命的"争殴"。[28]

回到前面提出的问题,我们可以清楚地看到,明清时代民间的"户婚田土钱债"纠纷之所多,除与当时的社会经济变化有关之外,也与财产制度和法律制度有关,与人们看待和解决纠纷的方式有关。既然民间各种"生业"只是一种介乎权利与事实之间的相对安定状态,而不曾在制度上被明确地加以界定,纷争与诉讼便会源源不断。[29] 又因为官府的审判实际上与民间调解一样,旨在恢复和谐、解决纷争,并不以界定和保护权利为目标,上述情形便只会进一步加深,以至虽然社会中存在着无讼的理想和息讼的努力,虽然诉讼费用相当可观,[30] 纠纷和诉讼仍然有增无已。其实,诉讼费用高昂这一现象本身也很能说明问题。说到底,当时的司法制度并不是为保护个人权利而设计,如果要在情节琐细且数量众多的民间词讼里面将权利一一界定清楚,则将耗费大量的人力物力,为收入有限的地方政府所不能负担。因此,地方官便不得不倚重民间调解机制,并且把听讼变成教化,将技术问题转变道德问题。[31] 不过,正如我们已经看到的那样,这样做的结果并不能阻止潮水般的诉讼。为了应付繁杂的衙门事务,地方官不得不依赖幕友、书吏和差役。[32] 后者数量可观,但却在国家编制之外,他们中间多数人的生活和办公费用由当事人身上索取,由这里,便产生了种种所谓衙门"陋规"。它们令诉讼成为一种灾难,但仍不足以根绝诉讼。

明清社会内部蕴涵了许多危机,诉讼频仍与地方行政的困顿便是这些危机的表征之一。

四

清明时代的人很容易把诉讼频仍的现象归因于民间的"健讼"风习或者讼师的活动，但是对于一个生活在20世纪的观察者来说，这类看法显然是过于简单化了。在我们看来，不但诉讼的当事人，而且就是那些从诉讼中渔利的讼师，其行为也未尝不具有某种合理性。事实上，并不是"健讼"之风和讼师的存在使得诉讼有增无减，恰恰相反，正是诉讼的必要性促使民众选择诉讼，[33]并使得讼师能够存在。[34]问题是，诉讼中所体现的社会要求并没有获得制度性的解决，结果在一方面，旧的诉由一提再提，新的诉由纷至沓来；另一方面，众多的诉讼在对地方衙门形成巨大压力的同时，也对当时的司法制度构成挑战。今天看来，这个挑战无法在传统的制度框架内予以化解，因为它包含了现代性的要求在内：一套产权界定办法和权利保护制度。

把现代性这样的概念加入到明清社会生活之中，这种做法必须加以限制性的说明。实际上，当时没有人提出什么"权利主张"，也没有人根据现在人所熟悉的权利-义务模式去思考问题。因此，与其说明清社会内部孕育了现代性的要求，不如说当时社会生活中的一些基本问题有可能借助于现代性的方案来加以解决。换言之，在传统社会与现代社会之间，存在了一些结合点。这个问题也可以另一个事例加以说明。

在对所谓清代习惯法的研究过程中，我发现，习惯法的支配原则与官府之法的支配原则不尽相同。前者是一套实用性知识，其应用关乎民生日用，因此主要受实用理性支配。后者则相反，作为一种精英知识传统，它的符号意味更强，文化选择色彩也更浓。通过对此二者之间相互关系的研究，我还发现，尽管这两种知识传统从来不是互相隔绝的，但从某种意义上说，它们之间的联系终究是外在的。中国历史上既缺少一种关于习惯法的说明性学理，也缺乏一个从事于这种探究和说明工作的群体，结果是，所谓习惯法只能是一种粗糙、实用的地方性知识，而无由成为一种精致、抽象和富有学理性的知识系统。[35] 具有讽刺意味的是，当清末立法者决定模仿西法改革旧制之际，这种粗糙实用的知识传统一改其鄙俗卑微面貌，登堂入室，成为创立新法的一项重要内容。对于各地方习惯的大规模调查发端于清末而完成于民国，[36] 分散而多样的地方习俗历史上第一次被在全国范围内全面地搜集和整理，并且根据现代民、商法体系加以分类。[37] 不仅如此，在当时各地的司法审判过程中，习惯还被按照现代法理加以解释，进而程度不同地融入于司法实践和新式立法当中。[38] 作为日常生活实践的民间惯习突然获得如此关注，显然不是因为它们自身发生了重大变化，而是因为法律制度的整体架构改变了，因为这一变化，一向被官府视为细枝末节而不加重视的"户婚田土钱债"事务开始具有特殊的重要性，与这类事务有着直接关联的社会生活实践也被从新的角度重新加以理解。在此基础之上,作为民间小传统的习惯与新的国家法律逐渐被内在地联系在一起。[39]

在明清社会内部发现现代性的生长点,这是一件颇有意味的事情。它表明,传统与现代不必截然两分,"礼治秩序"中也可能有"法治"的要素。反之,根据同一种逻辑,"法治"也未必不能包容和吸收某种"礼治"的要素。

也是在《乡土中国》中,费孝通先生区分了三种不同的权力类型,即所谓横暴的权力、同意的权力和教化性的权力。前两种权力另有专名,即专制与民主,后一种权力类型则为中国乡土社会所有。在费氏看来,这种权力显然不是专制的,但也不是民主的,而是建立在他所谓"长老统治"的基础之上,是"无为政治"的一个结果,"礼治秩序"的一项内容。换句话说,教化性权力的社会学基础,是乡土社会中的特定经济条件和社会组织结构。在那里,横暴的权力受到种种约束,在人民的实际生活中是松弛的和微弱的。[40]也是着眼于这一点,有人说中国虽没有政治民主,却有社会民主;或说中国的政治结构分为两层,上面是不民主的,下面是民主的。[41]也有人认为,与前现代社会中的欧洲人相比,中国人享有的自由,从来都不是太少,而是太多。[42]持这类看法的人通常会注意到传统社会中的乡族、村庄、行会等共同体,强调其自治性质和它们对于来自国家的专制力量的消解作用。具有讽刺意味的是,五四运动以后占主导地位的思想舆论恰好认为,传统社会中的共同体如家族、行会等不仅不是自由的保障，反而是自由的大敌，只有彻底打破这种所谓"宗法社会"的格局，个人才可能获得真正的解放。[43] 中国现代国家就是在这套现代性话语的指导下成长起来的，只是，它最终并没有实现任何有关个人解放的诺言，相反，随着"宗法社会"的彻底瓦解，不仅社会消失了，个人也不复存在。国家取代了一切，吞噬了一切。因此，毫不奇怪，在20世纪即将结束之际，当人们重新回顾这段历史，并对当下的中国社会认真反省的时候，历史上的各种共同体，它们的自治性质，以及它们与国家和个人之间的关系，又一次引起他们的注意。[44]

在此，我无意对中国历史上的国家、社会和个人自由的关系问题加以论证，事实上，我并不认为传统的中国人（即使是在明清时代）具有与西方人同样的自由、民主等价值理念。当费孝通先生指出教化权力既非民主又异于不民主的专制，[45] 或者，梁漱溟先生说中国人未尝自由亦未尝不自由的时候，[46] 我想，他们都意识到了中国社会情态的复杂性，意识到简单地用自由、民主一类价值去衡量中国传统社会的危险。尽管如此，我们仍不妨去构想一种经由"社会"来实现的个人自由，而且，无论我们赋予这个"社会"什么样的现代含义，在它与那些渊源久远的民间社会组织形式之间，是可能存在某种联系的。正是在这样的意义上，我们可以说，现代法治也可以在传统的礼治秩序当中汲取养分。[47]

五

中国近代革命和中国现代国家，都是在一个历史进步论的宏大理论笼罩之下发展起来的。这种理论力图让人们相信，人类社会在不断的进步当中获得发展，新社会取代旧社会、现代取代传统，体现了历史的发展规律，是人类进步的必然结果。受这种宏大理论支配，产生了各式各样的现代性话语，这些具体理论虽然各不相同，但是都假定传统与现代截然不同，相信前者必然为后者所取代。在本文前面所介绍的费孝通先生对于所谓"乡土中国"的描述里面，就隐含了这样的理论逻辑。在那里，正如我们所见，"乡土社会"及其"礼治秩序"是在一系列二元对立的概念区分中被把握和说明的。因此，这里的问题并不是费氏对于中国基层社会的描述有多少真实的成分，或者，他从中国具体社会中提炼出来的概念具有多大的说明力，而在于，这种对中国社会的观察和解说在多大程度上受到作者本人理论"前见"的影响和扭曲，以及，一种贯穿于语词和概念结构中的理论可能在多大程度上遮蔽社会现实，又在多大程度上限制人们的想象力。

通过把理论概括和抽象概念引入历史与社会的具体情境，使之情境化、相对化，本文试图证明，费氏笔下的"礼治秩序"在很大程度上是一个人为构造的虚幻实在，支撑这一构造的一系列二元对立实际上并不存在。相反，实际情况可能是，

"礼治秩序"中有"法治秩序"的生长点,"法治秩序"也可以从"礼治秩序"中获取养分。在"礼治"与"法治"、传统与现代之间,可能存在着一些我们从来没有注意到的结合点。如果真是这样,我们便不得不重新检讨百年来中国的现代化理论与实践,不得不重新看待和评估今天仍然备受压制的各种民间知识形态,不得不重新检讨和调整我们对待历史传统和民间社会的立场和态度。毕竟,我们今天的历史处境和生存状态,与我们对历史、社会、过去和未来的认识有着密切的关联。意识不到这一点,我们就将既失去过去,也失去未来。

[原载《开放时代》1999年第1期;
《在边缘处思考》,法律出版社,2010年]

注释

1. 这既不是关于中国的唯一的社会解释模式,也不是唯一有问题的一种解释模式。比如,相对于这里将要讨论的注重基层社会共同体,并以之为基本研究单位的社会解释模式,还有特别强调国家对社会的控制力、以国家为研究重点的社会解释模式。比较这两种社会解释模式之间的异同,尤其是支持这两种社会解释模式的前设理论之间的异同,应当是一件很有价值的工作,不过,限于本文的主题和篇幅,我在这里将只讨论前者。

2. 值得注意的是,相对于"法理社会"的"礼俗社会"一词正好是

Gemainschaft 这个德文词的中文翻译。费氏自然熟悉德国社会学家 Tonnies 关于 Gemainschaft 和 Gesellschaft（中译法理社会）的著名区分。虽然费氏对礼俗社会的刻画更强调中国社会的特殊性，我们在他的"礼治秩序"对"法治秩序"的二元划分中仍然可以看到 Tonnies 的影子。

3 参见费孝通《乡土中国》，第 5 页，三联书店，1985 年。本书原系报章文字结集而成，篇幅亦甚小，但是由于作者深厚的社会学素养和对社会生活的独到观察，这本小册子不但为普通读者所喜爱，而且为学术界所推重。

4 参见费孝通《乡土中国》，第 5 页。

5 参见费孝通《乡土中国》，第 50 页。

6 参见费孝通《乡土中国》，第 50 页。

7 参见费孝通《乡土中国》，第 53 页。

8 参见费孝通《乡土中国》，第 55 页。

9 参见费孝通《乡土中国》，第 53 页。

10 参见费孝通《乡土中国》，第 53 页。

11 参见费孝通《乡土中国》，第 58—59 页。

12 参见费孝通《乡土中国》，第 58 页。

13 费氏的这本小书自 80 年代以来一再获得重印，也许可以从一个侧面说明这一点。

14 参见费孝通《乡土中国》，第 2 页。

15 参见费孝通《乡土中国》，第 2 页。

16 需要特别指出的是，尽管费氏把"乡土社会"概念称之为"理想类型"（ideal type）的概念，但事实上，他并不是在 Max Weber 的意义上使用"理想类型"这个概念，因为他把"乡土社会"所描述的这个社会，视为整个中国社会的真实的缩影。因此，"乡土社会"的概念与其说是分析性的，不如说是描述性的。

17 比如，40年代中国的农村社会已经深受现代化进程影响，新式的司法制度也已经推行下乡，这意味着社会与国家的关系开始发生重大改变，这种改变不能不影响到乡村社会生活，影响到乡民针对"法律"的看法、态度和行为。实际上，费氏自己也提到这种变化及其在乡村社会生活中的复杂影响。（见《乡土中国》，第58—59页）关于这一时期国家政权建设对中国乡村社会生活产生的深刻影响，参见杜赞奇《文化、权力与国家》，王福明译，江苏人民出版社，1994年。

18 参见夫马进《明清时代的讼师与诉讼制度》，范愉译，载《明清时代的民间契约与民事审判》，第389—430页。据另一位学者估算，清代每年每两千人中就可能有一件新案子。参见黄宗智《民事审判与民间调解：清代的表达与实践》，第165—174页。这两种估算显然有出入，但重要的是，它们都说明了当时国家法律在普通社会生活中的重要性。

19 这意味着，首先，地方官对这类案件可以自行决断，而无须像在性质较严重的案件中那样由上一级官府审核定夺。其次，处断这类案件，地方官拥有很大的裁量权，不必严格依照律典。有学者对后一点表示异议，认为清代的地方官在处理这类案件时也是严格按照律典办事的。见 Philip C. C. Huang, "Codified Law and Magisterial Adjudication in the Qing", in *Civil Law in Qing and Republican China*, ed., by K. Bernhard and Philip C. C. Huang. Stanford University Press, 1994. 对这一看法的批评，见梁治平《清代习惯法：社会与国家》，第136—137页。

20 应该注意的是，清代的调解和听讼并不是两个可以明确区分开来的程序。在许多场合，它们部分重合，并且受地方官指导。更重要的是，调解和听讼的性质和目标并不像有的学者所认为的那样截然不同。

21　中文里所谓"公"同时指官府的、公共的、公平的等等。

22　参见寺田浩明《权利与冤抑——清代听讼和民众的民事法秩序》，第191—265页。

23　参见滋贺秀三《清代诉讼制度之民事法源的概括性考察——情、理、法》，第19—96页。关于这一问题更一般的考察，参见梁治平《寻求自然秩序中的和谐》，第283—301页。

24　参见寺田浩明《权利与冤抑——清代听讼和民众的民事法秩序》。

25　参见寺田浩明《权利与冤抑——清代听讼和民众的民事法秩序》。

26　在习惯法那里，规范与事实不能够明确地区分开来。参见昂格尔《现代社会中的法律》，第43—44页，吴玉章等译，中国政法大学出版社，1994年；哈特《法律的概念》，第92—95页，张文显等译，中国大百科全书出版社，1996年。

27　参见寺田浩明《权利与冤抑——清代听讼和民众的民事法秩序》。

28　寺田浩明和滋贺秀三都曾谈到这种现象，详见寺田浩明上引文；和滋贺秀三《清代州县衙门诉讼的若干研究心得——以淡新档案为史料》，姚荣涛译，载《日本学者研究中国史论著选译》（第八卷），刘俊文主编，中华书局，1992年。又，清代刑科题本中"土地债务"类涉及的都是这类情形，详见《清代地租剥削形态》及《清代土地占有关系与佃农抗租斗争》，中华书局，1988年。

29　这里可以附带指出，当时涉及土地的交易许多不是一次完成的，这种情形往往导致无休无止的讨价还价和纷争。

30　黄宗智教授曾经对当时的诉讼费用作过一些估算，并得出结论说，尽管较大和性质严重案件的诉讼费用可能非常高，较小和不很严重案件的诉讼费用却没有高到阻止普通人涉讼的程度。参见黄宗智上引书，第 174—178 页。

31 这一点早经黄仁宇先生指出，详见氏所著《万历十五年》，第 145—155 页。关于中国古代法律的道德化问题，参见梁治平《寻求自然秩序中的和谐》第 9、10、11 诸章。

32 关于清代幕友、书吏和差役的情况，参阅 Ch'u T'ung-tsu, *Local Government in china under the Ch'ing,* chap. 3-6. Harvard University Press, 1962. 又见郑秦《清代司法审判制度研究》，第页 105—143 页，湖南教育出版社，1988 年；戴炎辉：《清代台湾之乡治》，第 631—665 页，联经出版事业公司，1984 年。

33 大体说来，发生纠纷时诉诸民间权威还是官府，这一点取决于当事人对其具体景况的权衡。参见岸本美绪《清初上海的审判与调解——以〈历年记〉为例》，载《近世家族与政治比较历史论文集》，1992 年；黄宗智上引书，第 182—190 页。

34 参见夫马进上引文。此外可注意的是，讼师的存在还为社会中的弱者提供了一种可能性，使他们有可能打破地方精英对于地方事务的垄断而诉诸更高一级权威。在这种意义上，讼师的活动可以被视为连接地方社区和政府的一个重要渠道。参见 Melissa Macauley, *Social Power and Legal Culture,* Stanford University Press, 1998.

35 参见梁治平上引书，第 127—140 页。

36 有关清末民初民商事习惯调查的一般情形，参见黄源盛《民初法律变迁与裁判》，第 373—378 页，第 380—384 页，政治大学，2000 年。

37 由这一调查产生了若干种习惯汇编，其中最著名的是由北京政府司法部于 1930 年出版的《民商事习惯调查报告录》。

38 作为中国固有制度之一的"典"被吸纳到《民国民法典》(1928—1930)中就是一个好例。此外，《民国民法典》第一条即规定，民事无法律规定者，适用习惯。民国初期的最高法院大理院更在其一系列司法判决中确立若干标准以决定可以适用习惯解决纠纷的情形。详见黄源盛上引书，第393—424页。

39 除了推动民商事立法之外，上述针对地方习惯采取的种种措施还有一层更重要的意蕴，那就是通过全国法律的统一和有效贯彻来完成法律的现代化和民族国家建设。

40 费孝通《乡土中国》，第60—70页。

41 费孝通《乡土中国》，第65页。

42 比如，孙中山先生即有这样的看法。转见梁漱溟《中国文化要义》，第163页，学林出版社，1987年。

43 沟口雄三曾对这一时期的思想转变做了很好的描述与概括，参见氏所著《礼教与中国革命》，载《学人》第10缉，第121—139页。

44 由近年来欧美中国研究中有关"公民社会"的讨论可以看到这一发展。英语文献方面的一般讨论，见 *Modern China*, Vol. 19, No. 2, April, 1993之专号。中文文献方面的一般介绍和评论，参见顾欣《当代中国有无公民社会与公共空间》，载《当代中国研究》1994年第4期；杨念群《近代中国研究中的"市民社会"——方法及限度》，载《二十一世纪》1995年12月号。最近的研究见梁治平《"民间"、"民间社会"与Civil Society》，载《当代中国研究》2001年第1期。有关日本学者对这一问题的部分看法，参见岸本美绪《市民社会论与中国》，王亚新译，载王亚新、梁治平上引书，第350—372页。

45 费孝通《乡土中国》，第70页。

46 梁漱溟上引书，第254页。

47 美国哥伦比亚大学的狄百瑞教授在他的一部近著中试图在中国语境中发现"个人主义""公民社会"以及儒家传统在学说和实践两方面与

现代性的相关性。参见 WM. Theodore De Bary, *Asian Value and Human Rights*, Harvard University Press, 1998。我在最近的一篇文章里由一种历史和内在的视角入手讨论了中国的法治问题。详见梁治平《法治：社会转型时期的制度建构》，载《当代中国研究》2000年第2期，第18—66页。

走出名义法治的困境

过去两年曾在中国社会,尤其是法律人中间激起轩然大波的李庄案,再次引发世人关注。[1]而这一次,聚光灯下的主角不只是李庄本人,还有一手铸成李庄案的重庆"打黑"英雄,曾经总揽重庆市公安事务的王立军。因为这一改变,李庄的个人命运不再是公众关注的焦点,一度以轰轰烈烈的"唱红打黑"名世的重庆故事再次凸现,成为人们省思的中心。实际上,历时两年、一波三折的李庄案,其深刻的时代意义也只有放在重庆故事乃至转型期中国社会的大背景下才能够理解。具体言之,镶嵌于重庆故事和中国政法体制中的李庄案,是我们观察和认识中国当代法治的一个窗口,透过这个窗口,我们可以了解法治在中国的含义和意义,它与中国社会的内在关联,以及,它所面临的问题和前景。

讨论法治问题,可以采取不同视角。视角不同,所见即不同,结论亦不同。因此之故,视角妥当与否就是一个重要问题,对此问题的自觉亦甚为必要。本文所取视角,可以称为现实的、内在的和开放的。由现实出发,不脱离具体社会及制度语境,即是现实的;尊重讨论对象,不以外部判准强加于彼,而以其自身标准判断之,是为内在的;最后,兼重法治理论与实践的共通性,不囿于一时,不偏于一地,无闭塞之虞,则是开放之义。

基于上述立场,谈论当代中国的法治,首先要确定其基本制度上的依据,这种依据不但出现在官方的基本纲领中,也规定在宪法上。1997 年,中共十五大报告提出"依法治国,建设社会主义法治国家"的战略目标,两年后,宪法修正案第十三条一字不易地采纳了这一表述。它们提供了实行法治的规范性依据。另一方面,改革开放以来的法制建设历经 30 年发展,一个包括宪法、行政法以及民法、刑法、诉讼法等法律部门,由法律、行政法规、地方性法规等多个层次的法律规范构成的法律体系初具规模。[2] 这一法律体系,连同相应的法律机构和设施,为中国当代法治提供了物质的和制度的基础。在此语境中的法治,其规范性含义可以由中共第十一届中央委员会第三次全体会议公报中的一段权威表述来说明:

> 为了保障人民民主,必须加强社会主义法制,使民主制度化、法律化,使这种制度和法律具有稳定性、连续性和极大的权威,做到有法可依,有法必依,执法必严,违法必究。从现在起,应当把立法工作摆到全国人民代表大

会及其常务委员会的重要议程上来。检察机关和司法机关要保持应有的独立性；要忠实于法律和制度，忠实于人民利益，忠实于事实真相；要保证人民在自己的法律面前人人平等，不允许任何人有超于法律之上的特权。

据此，法治包含以下基本内容：

一、法律"具有稳定性、连续性和极大的权威"。所谓"极大的权威"，应当理解为最高的权威，因为，"法律面前人人平等"，"不允许任何人有超于法律之上的特权"。而所谓"任何人"，不仅指个人，也包括机构、组织和政党。1982年宪法明确规定："全国各族人民、一切国家机关和武装力量、各政党和各社会团体、各企业事业组织，都必须以宪法为根本的活动准则"（"序言"），所有机构、政党、组织和团体"都必须遵守宪法和法律"，"任何组织或者个人都不得有超越宪法和法律的特权"（第五条）。这些规范性表述毫不含糊地表明了法治的基本原则，即法律的至上性，而这一点，正是一般所谓法治的通义，是法治不同于人治的基本特征。就此而言，中国的法治，自始就是在世界之中。

二、国家政治、经济、文化和社会生活的重要方面必须"有法可依"，为此，要建立"法律体系"，并依据社会发展需要不断予以完善。

三、法律一经制定，就必须严格地实施和执行。任何违反法律的行为都将受到追究，并被依法处置。所谓"有法必依，执法必严，违法必究"，不仅强调了法律的严格性，而且隐含法律自主之义，即法律独立于世，其实施不受任何其他势力影响和干扰。

四、司法机构（此处为检察机关和法院）必须保持"应有的独立性"，"忠实于法律"。所谓"应有的独立性"，自应以满足"忠实于法律"，维护法律的至上权威为标准。而忠实于"制度""人民利益""事实真相"等要求，不用说，都是在法律的框架内而言。

如此界定的法治，在上述明示各条之外，还隐含另外一些重要内容，这些内容逻辑地包含在上述偏重形式的法治概念之中。其中，最重要的包括：

一、法律之为法律，应当不同于行政命令等其他规范。它应当具有一般性，其产生须经由特定程序，而且要公开发布；所制定的规范标准应当合理，含义尤须明确；其内容也要前后连贯，互相配合，上下一致。

二、法律既立，其执行即成关键，而在这一环节，将行政行为置于法律支配之下尤为重要。为此，应当建立有效的司法审查制度。这同时也意味着，司法机构必须享有"应有的独立性"。此种独立性不能托之空言，而要有一系列相关制度和机制来保障。

三、欲落实法治，有效发挥法律的作用，在立法和司法之外，完备的律师制度必不可少，律师在法律系统中的地位必须有制度上的保障。此外，为培养法律人才，提升法律品质，必须设立专门的法律教育机构，开展深入的法学研究。

四、最后，也是最重要的，规定法治原则的宪法，其本身也要切实可行，与宪法相悖的行为，包括抽象的立法行为，都应当被宣布无效。换言之，为维护法律至上的原则，应当建立违宪审查制度。

显然，在今天的中国，包含上述内容的法治并未完整和充分地呈现，但那只是说明，在中国，法治，即使是前引三中全会公报所讲述的法治，仍是一项尚未完成的事业，而要完成这一事业，不同程度地成就这些条件是必要的。因为，这是法治的逻辑，一个已经当代各法治国家的制度实践印证了的逻辑。

回顾历史，上述法治观念的提出，在中国语境中包含了深浅不同的三重理由。

第一层理由直接出自对"文化大革命"的反思。"文革"中，法制荡然，社会秩序瓦解，人民生命、财产不保，文攻武治波及社会各阶层人士，乃至党政官员皆不能免。正是对这一惨痛经验的反思和总结，在中国共产党内促成了重建法制的共识。在当时的语境中，"法制"主要针对"人治"提出，为的是防止个人崇拜之下以言代法、因人废法和权力不受约束的现象。强调民主的制度化、法律化，进而肯定法律的权威性，主张法律之下人人平等，以及司法机关的独立性，都是

基于这种考虑。³

第二层面的理由与中国的现代化转型有关。2011年3月，在十一届全国人大四次会议就"中国特色社会主义法律体系"召开的记者会上，立法官员答记者问时就指出："我国现代化建设，目标是建设一个民主富强社会主义国家。现代化社会一定是一个规则的社会、秩序的社会、专业化的社会，权利、义务明确的社会，个人对自己的未来可计划而且可预测的社会。这样一个社会靠什么来实现？要靠法律、靠法治。所以形成中国特色社会主义法律体系是我国政治发展的一个目标。"⁴ 这段关于法律与社会关系的韦伯式论述，揭示了现代社会中法治的丰富内涵，其关注点不再局限于政治领域中个人专断的危害，而扩展到法律在复杂的现代生活中的重要作用上。这种转变反映了1980年代之后中国社会所经历的深刻变化，它没有否弃改革开放之初提出的法制/法治观，而是发展、超越和包容了前者。

实行法治第三层面的理由最深刻，也最微妙，涉及政治的正当性。

中共十一届三中全会确立的纲领，从以阶级斗争为纲和强调无产阶级专政，转向现代化建设。这不只是"党的工作重点"的转移，还涉及国家治理方式的改变，统治者角色的转变（"从革命党转向执政党"），甚至，执政党政治合法性的重新界定。十一届三中全会公报标举的"民主和法制"，实际开启了这样一种转变，公报所提出和推进的最低限度的法治概念——法律在其领域中具有至上权威，权力的行使必须服从于法律，受事先确立的规则和程序的约束；司法机关忠实于法律，并以此方式严格适用法律，逐渐成为后"文革"时期政治正当性的一个重要渊源。李庄案和重庆故事之所以引发普遍关注和激烈论争，正是因为它们涉及这一最低限度的法治，关乎其真伪乃至废立。

在许多批评者眼中，名为"唱红打黑"的重庆故事，几乎就是"文革"的重演，这也是重庆试验之不可接受的根本原因。这种看法虽然不无道理，但也未尽确当。因为它忽略了重庆故事发生的"后文革"背景。而正是在这一背景下，法律及其运用才变得格外重要。实际上，重庆的"打黑"自始就是一场法律展演，侦查、逮捕、起诉、抗辩、审判，以及法庭内外围绕这一系列事件展开的论辩，都是以法律的名义并且围绕法律的具体实施进行的。在这里，法律至少享有一种名义上的权威性，我们不妨称之为"名义法治"，这可以说是中国过去三十年"民主与法制"建设中最重要的成就。这也是为什么，李庄案，而不是众多涉黑案件中的任何一宗，激起如此强烈的社会反应，成为重庆官方及其批评者之间的必争之案。

作为一名涉黑案刑事辩护律师，李庄被指犯有辩护人伪造证据等罪，这在重庆乃至中国特定语境中显得意味深长。如前所述，律师职业对于法治——即使是程序性的最低限度的法治——的建立和维系,具有不可或缺的重要性,这个职业能否顺利发展,切实扮演其制度性角色,从一开始就是一个与法治有密切关系的问题。[5]李庄案讨论中广受诟病的刑法第306条,也是因为它对律师的歧视性对待而受到质疑。[6]撇开这一点,我们可以看到,对李庄案的批评,几乎完全集中在法律的形式的方面,尤其是涉及定罪的程序性环节。同样,批评者对重庆"打黑"行动的分析,也是以法律是否得到尊重、司法程序是否被遵守这些形式要素为基本点展开的。[7]在批评者看来,重庆"打黑"的种种举措,包括对律师李庄的指控和审判,从暴风骤雨般的运动式手法,到政法委统一部署下的公、检、法协同办案(所谓"大三长"会议),到徒具表演形式的法庭审理,以及从举证手法到舆论造势的各种表现,虽然都是以法律为口实,其实与法治原则适相反对。而这个法治,根据本文的论述,不是美国式的或者欧洲式的,而是中国式的,是中共十一届三中全会公报所确立的和明白宣示的,出于中国社会内在要求的,同时也符合一般法治国家最低标准的法治。

这种情形表明了"名义法治"的时代特征:法律体系初具规模,法律设施大体完备,法律话语充斥社会,法律受到名义上的尊崇,法治的拥护者和破坏者同时诉诸法律的权威。不同的是,对前者来说,法律是他们唯一的武器,也是他们竭尽全力想要守住的"底线";而在后者那里,法律不过是一个便于运用的工具,被用来达成当权者希望达到的任何目的。为了这些目的，法律经常被以非法治甚至反法治的方式来运用。在此过程中，权力凌驾于法律之上，不受公开、明确的一般性规则支配，公民，也包括像昨日"打黑英雄"王立军那样的高官，其自由、财产和生命得不到保障，能够带来稳定预期的社会秩序无法实现。

这就是我们今天所处的时代，这就是中国的法治事业面临的困境。就好像中国的改革正在十字路口徘徊一样，中国的法治在经历了过去三十年的发展之后，正面临两种力量的牵引和推动，也因此可能有两种截然不同的命运：一种力量致力于维护法律的权威，把法治原则落实到法律的运用之中，让法治不只是名义上的，而必须名副其实，坚实而不可动摇。另一种力量则止步于有名无实的法治，这样，既可以法律之名粉饰政权、打击异类，同时又可以在涉及其根本利益的问题上不受法律制约，为所欲为。现实中，这两种力量从来都不平等：法治，即使是最低限度的法治，也总是弱者的武器，因为，哪怕只是符合其字面意义的法治，对权力也能构成约束。这也是为什么，无论组织还是个人，一旦大权在握，总倾向于把法律变成虚应故事，即使这些法律是由他们自己制定。尽管如此，"名义法治"为这两种力量都提供了活动空间：权势者固然可以奉法律之名，行操纵之实，并以这种方式维持其超法律特权，但即使是法律之名，对法律的操纵者也是一种约束，因为载于宪法的法治概念，连同所有公之于世的规则和程序，都可以被法治的拥护者认真对待。对后者而言，名义的法治可以也应当成为实在的法治。毕竟，中国社会需要法治，而法治也已经成为这个社会公认的原则，成为政治正当性的一项重要渊源。

观察和讨论中国的法治问题，重庆故事或者李庄案只是地方性或者特定领域的个案，在其他地方，其他领域，能够说明"名义法治"之下法治原则遭到蔑视和破坏的事例不胜枚举。事实上，时下因为权力不受法律约束、为所欲为而造成的种种乱象，不只对相关当事人造成损害，而且破坏了稳定的预期赖以维系的社会秩序，将社会生活置于不确定状态，并在社会公众当中引发了深刻的不信任感。这种不信任感所针对的，不只是具体的官员和机构，包括法律机构，而且是法律本身。这意味着，中国要想顺利完成社会、政治和经济的转型，并在此过程中保持社会稳定，获得国内人民的拥护和国际社会的认可，必须真正尊重法律，厉行法治，让名义上的法治，变成名实相副的法治。

[原载《财经》2012年第9期，
原标题为《让"名义法治"名实相副》]

注释

1. 2011年12月12日,李庄向最高人民法院提出申诉,要求撤销重庆市第一中级人民法院认定其犯有辩护人伪造证据、妨害作证罪的判决,并对该案立案再审,宣告申请人无罪。此后不久(2012年2月7日),李庄前助手马晓军携妻韩会娟起诉重庆警方,指控对方在调查李庄案过程中涉嫌非法限制其人身自由。这一举动也被广泛理解为李庄案后续的一部分。

2. 这一点由时任全国人大常委会委员长吴邦国于2011年3月10日在十一届全国人大四次会议第二次全体会议上正式宣布。

3. 邓小平对此有明确论述。关于邓小平法制/法治思想,可以参见 http://wenku.baidu.com/view/c167061655270722192ef761.html.

4. 语出全国人大常委会委员、全国人大法律委员会委员、全国人大法制工作委员会副主任信春鹰。详见"有关负责人谈中国特色社会主义法律体系(实录)",http://news.enorth.com.cn/system/2011/03/10/006088337.shtml.

5. 曾担任李庄案一审辩护律师的陈有西就明言自己是在"为中国律师辩护,为中国的刑事诉讼制度辩护,为中国的法制体系辩护",并视之为不可再退的"底线"。参见陈有西《律师的界限——李庄案前前后后》,http://www.zgdls.com/2011/sszclszl_0105/114717.html.

6. 该条单独规定了刑事诉讼中辩护人或诉讼代理人毁灭和伪造证据以及诱使证人伪证的罪行及其处罚。

7. 系统的研究,参见童之伟《重庆打黑型社会管理方式研究报告》。中国宪法学研究会第一次会员代表大会(2011年10月22日)会议论文集下册。

申冤与维权

——在『传统』与『现代』之间建构法治秩序

2000年7月16日,高铁钢因被怀疑故意杀人在河南灵宝市自己经营的饭店中被警察带走。对高铁钢来说,噩梦从这一刻开始。[1]

最初16天,他被关在河南三门峡市公安局湖滨分局的讯问室里接受连续而野蛮的审讯。之后被转移至三门峡市看守所,并被湖滨区检察院以涉嫌故意杀人罪批准逮捕。11月22日,湖滨分局将此案移送湖滨区检察院审查起诉,旋因案件事实不清、证据不足被退回补充侦查。2002年5月23日,在高本人及其家人无数次奔走申诉,且案情一无进展的情况下,高铁钢获"取保候审"而走出看守所。这时距其最初受到指控而被羁押已经677天。

2003年3月4日,高铁钢在北京上访期间被湖滨公安分局警员强制带回三门峡市,同时宣布将此前对高铁钢的"取保候审"变更为"监视居住"。最后,在2004年2月25日,三门峡市公安局湖滨分局发出"撤销案件决定书",称"因证据不足,决定撤销高铁钢涉嫌故意杀人一案"。3月和4月,湖滨分局和湖滨区检察院先后根据《国家赔偿法》对高铁钢作出赔偿决定。(期11)

本案因为当事人高铁钢的不懈抗争而有转机,又因为媒体的跟踪报道而广为人知,更被视为近年来的"三大典型冤案"之一。[2] 在本案中,高铁钢遭人陷害,无辜入狱,而且被长期非法关押,遭受种种肉体和精神上的折磨。即使是在出狱之后,他想要洗脱罪名的努力也屡屡受挫,一次又一次陷于无望之境。撇开运气的因素不谈,如果没有坚强的意志和信念,没有明智的行动策略,他后来的成功,哪怕只是有限的成功,也是很难想象的。实际上,有高铁钢这样不幸遭遇的人不少,但是有这样算是幸运结局的人却不多。正因为如此,媒体在报道这个案件的时候,对高铁钢个人的思想和行为给予了特别重视。最早报道本案的新华社记者以赞赏的口吻写道:"这条马拉松式的维权之路,已经把一个莫须有的'杀人犯'带进了一所民主与法制的大课堂,教他学会了依法维权、理性维权。"(期11)这里,依法维权和理性维权不仅是高铁钢成功的原因,而且是一种值得称道的正确选择。在这个意义上,对高铁钢案的报道具有一种示范意义。正如记者在一篇后续报道中所写的那样:"在'国家尊重和保障人权'写进宪法的时代,公民高铁钢依法维权的自觉意识和理性行动无疑具有积极价值和典型意义,使民众听到了法治文明和社会进步的脚步声。"(期12)

显然，记者们通过自己有意无意的解释，将特定意义赋予本案以及案件的当事人。这样做当然无可厚非，而且记者们的解释也不能说没有根据。不过，这些解释本身并不清楚，其中的意思需要澄清。比如，"民主与法制的大课堂"是个什么样的场所？如果说它能够教人"依法维权"，这里的"法"是什么法？"依法"的意思又是什么？同样，"维权"是什么意思？要"维"的"权"是什么权？这个"权"从哪里来？是不是"依法维权"就算是"法治"？"法治文明"是一种什么样的状态？

要回答这些问题，靠词典不行，听记者们自己解释也不够，我们必须深入到案情的事实中去。首先，我们需要听听当事人自己的说法。他们在事件中做出选择，他们把意义赋予行动。尤其是在艰难境地，行动者的意志有多坚强，就要看他们的信念有多坚定。那么，高铁钢如何解释自己的行为？是什么样的信念支持着他，令他百折不挠？

在我们透过记者采访和报道看到的材料中，高铁钢的语汇里最简洁有力也最具意味的有两个词：冤枉，权利。当初高铁钢在看守所被宣布逮捕，激愤之下，他在宣布笔录上签下两个字："冤枉"。被羁押期间，他在衣服上写满冤字，并做了许多"冤字牌"。2002年12月，取保候审的高铁钢"打着写满冤字的横幅"，在三门峡市街心花园拦住该市政法委书记一行喊冤。（期11）可以说，"平反冤案、讨回公道"不但一直是高铁钢行动的动力，也是他赋予自己行动正当性的理由。不过显然，这并不是他想到和说出来的唯一理由。在从看守所中写给家人的一封信里，他誓言"要为自己的自由、尊严和权利而战"。（期11）而不论在行动过程中还是事后总结时，他都把自己的抗争行动说成是"维权"。他甚至把自己的经历写成一本书，书名就叫做"艰难的中国式维权"。在此之外，我们还注意到，高铁钢在表达自己愤怒不平和决心的时候用了一个极具中国色彩的词：气。他在刚刚从看守所被放出来的时候说："最最咽不下一口气的是，我还戴着故意杀人犯嫌疑人的帽子。我要为自己的冤案平反，讨回人间公道。"（期11）而在得到平反之后，他仍不满足，因为他"就是咽不下这口气。……非要讨个说法。你说抓就抓，说打就打，说放就放，最后没有办法就想下个文把这个事情了结了——办不到"。（期12）

冤枉与权利，申冤与维权，这两组概念不仅是对事实的判断，以及基于此种判断而采取的行动，而且也是赋予特定行动以正当性的有意味的符号。我们的问题是，这些符号所指涉的意义是什么？它们之间的关系又是什么？

人们可能有的第一个反应是，这两组概念或者符号不仅分属于两个不同时代，而且有着不同的历史、文化渊源。具体言之，冤的概念，以及与之相关的概念如冤枉、冤屈、冤抑、鸣冤、申冤等，指向中国传统正义观念某些最重要的方面，因而成为古代制度设计、法律原则以及政策、实践和行动中的结构性因素。权利的观念则是西方近代政治和法律理论中最核心的概念范畴，也是构筑近代以来西方正义论、伦理学以及政治和法律秩序的基石。进一步说，冤枉／申冤与权利／维权是不同的文化符号，代表了不同的意义世界。而在中国开始近代转型并且大规模学习西方思想、移植西方制度之前，这两个不同的意义世界各自独立发展，不相与谋。

对于上面的回答人们有理由感到不满足甚至不满意。说这两组概念是不同的文化符号，代表了不同的意义世界，那么这些不同的意义世界究竟是什么样的？再者，古代中国思想世界中也许是没有"权利"的概念，但在当时的生活世界中人们未必全无"权利"的意识。按照某种宽泛定义，权利不过是当事人相信可以得到保障的利益。如果是这样，凭什么说古时的鸣冤者不是在维权，冤案平反不是蒙冤者的权利实现？

直观地看，这两组概念和符号最显著的不同在于，它们一个是否定性的表述，一个是肯定性的宣示。冤是公道的反面，即不公。权利受到侵害是一种不公，但是不公并不一定意味着"权利"受到侵害。在明清社会，被诬的人喊冤，受欺凌的人喊冤，甚至，因为财产纠纷、家庭纷争而告官者也惯以喊冤的方式要求官府介入。他们要求公道，却不是在主张权利。实际上，国家设立法制原本不是要为人民提供一部权利法典，而是要扬善抑恶，惩奸警愚。面对蒙冤者的吁请，青天大老爷要"秉公"断案：不只是不偏不倚，而且是从"公"出发，定

"分"止争，维持社会的和谐。这里，一种基于社会性的关系（所谓"名"）以及因此而产生的种种责任（所谓"分"）的公道观念，而非权利的概念，才是核心。

权利的逻辑则全然不同。它是自我肯定的，扩张的，平等的，制度化的。从较早的自然权利观念，到近代以来各个民族国家的法典，再到当代的国际人权法，权利观念和权利体系在一次又一次扩张和提升过程中高度地系统化、制度化了。今天，权利保障是高度法律化的。现代社会的法律以概括或者列举方式载明了公民的各种权利，并通过各种制度安排和程序来保证这些权利的实现，这就是所谓法治。与上面谈到的申冤模式不同，按照某种标准叙述，权利—法治模式是非人格化的，道德中立的。法律面前人人平等。法律的适用也不以个人好恶为转移。因为据说法律的规范脱离了政治、道德、宗教或者意识形态；法律的适用也被委之于自主自治的职业群体，不受外部干预。进入了"权利时代"的中国社会，其法制在很大程度上就是按照这种权利—法治模式塑造出来的。不用说，这也就是依法维权的高铁钢所依的法。

那么，我们应当如何解读高铁钢的行为？又如何透过高铁钢的行为来解读这个时代，以及具有这个时代特点的社会与文化？显然，要讨论这样的问题不但不能只看局外人如新华社记者的解释，甚至高铁钢自己的"说法"也不足为凭。相反，这些解释和说法应当成为我们进一步观察、分析和解释的对象，它们的意义必须被置于一个更复杂的图景中加以了解。

在上面的叙述和分析中，我们提到的因素有符号、意义、行动，还有制度。这些不同因素透过复杂的互动纠结在一起：行动者通过选择有意味的符号，赋予其行动以特定意义，这既是一个心理过程，但又不单纯是个人的和主观的活动。个人固然可以选择和决定如何运用符号，符号资源却首先是社会性的，甚至是制度性的。因此，赋予意义的过程既是个人对社会的接受和认同，也是个人通过发挥其创造性与社会的互动。意义在这个过程中并且透过各个因素之间的复杂多面关系呈现出来。这意味着，我们要了解行动的意义，首先需要找到一个连接个人与社会、心理与制度并为这些不同因素互动提供可能的场域，这就是行动结构。

蒙冤的高铁钢都做了什么？他"一进看守所就开始托人买、借法律书，学习法律"。（期12）所有这个案子能用到的法律书，包括《国家赔偿法》《刑事诉讼法》等，他都买来研习。他还注意收集证据，所有信件和材料都寄给家里一份保存。解除监禁之后他打的第一场官司是告自己的律师不作为。紧接着，他向法院告湖滨公安分局滥用职权、执法犯法。在其告诉不被理睬之后，他开始在当地公安局、检察院、政法委、人大、政协等部门反复申告。2002年10月到2003年3月之间，高铁钢两次到北京上访。被强制带回之后，他马上按照法定程序要求国家赔偿：先是向湖滨分局提出要求，然后是向市公安局申请复议，最后是向市中级人民法院提出申请。2004年1月13日，高铁钢的赔偿申请被驳回。"大年初八到正月十四，高铁钢将喊冤车一直停在市委大门口。正月十五闹元宵，他直接把喊冤车开上了庆典的观礼台。紧接着，他又把喊冤车开到河南省'两会'现场"。（期11）

高铁钢异乎常人的意志和锲而不舍的努力终于为他赢得三门峡市委书记批示："无条件停访息讼"。于是就有了我们开始看到的一系列平反措施。不过对高铁钢来说，这是不够的。因为即使在其冤案平反之后，三门峡警方仍有人在不同场合多次宣称他是"杀人犯"。高铁钢决意为此诉诸法律，"公民的名誉权不容侵犯"。（期12）不仅如此，高铁钢虽然获得自由，但是这一冤案的真相却不能说已经大白于天下，制造冤案的相关责任人等更未受到应有的处分。因此，高铁钢仍在努力，用他自己的话说，他仍在维权的"半路上"。

如果套用前面的区分，我们可以问，高铁钢的行为应当被归于申冤还是维权？人们能够仅仅因为今天的高铁钢用了自由、尊严、权利和维权这些词语，就认定他已经"进步"到维权而不是仍然停留在"申冤"的阶段？

毫无疑问，高铁钢熟知权利—法治话语，而且知道如何运用这方面的制度资源来保障自己的利益。但是如果暂时抛开特定的表达和机遇，只看其行为，我们是否可以断言，如果是生活在清代而不是今天，高铁钢的行为就会完全两样？应该说，除了一些因为技术上的限制而带来的差异，一百年前的高铁钢很可能会做差不多同样的事情。他不必主张个人权利，也会为平反冤案而拼死一搏。他会告状、上访，不惜倾家荡产。他也知道学习和利用法律，甚至屡败屡告，鏖战不已，不怕被指为健讼缠讼的刁民。他没有说"为自由而战"，但是相信公道自在。他没有抬出"尊严"两个大字，但他会说"人活一口气"，并且为了这"一口气"层层上告，经年不休。甚至，他为申冤平反所采取的策略在当时和现在也可能大同小异。他会往复于诉讼和上访之间，遍访大小衙门，拦路鸣冤甚而进京上控；他会制造事端引起官府重视；也会用比如一个大大的"冤"字高度凝练地表达他的道德义愤，争取公众的关注与同情。

这些说明了什么？是国人的"国民性"依然如故？还是制度名实不符，社会条件比较一百年前也没有根本的改变？或者是二者兼具，互为因果，以至于古今无别？若果如此，我们当如何解释百多年来一次又一次的"革命"？又如何理解历经这些革命而建立的新的意识形态和制度，包括权利—法治类型的法制？

必须承认，高铁钢"依法维权"所依的法，是他如果生活在一百年前所无法想象的法。因为这是不同于申冤制度模式的所谓权利—法治类型的法。不过，如果我们的观察不限于书本上的法，而是及于相关制度及其现实中的运作，我们也不难发现，现今实行的法治与传统法制未必如其包装所标识的那样判然有别。高铁钢曾经并且仍将充分加以利用的信访制度就是一个著例。

理论上说，现代信访制度缘宪法和法律而产生，其根据乃是民主和公民权利这类现代价值。然而自其现实功用观之，这种合体察民情与伸张冤屈于一、有上通下达之利的制度，不但现在与过去一般地重要，其机制原理也大同小异。就其制度设计而言，都是以行政为主导，向下监督，向上负责。其上下权力的划分，均依事之大小而非权利之有无而定。因为同样的原因，其功能是弥散的，程序是淡化的，更有一种重在辨是非的道德主义色彩。这种制度的正当性基础是一种在上者必须为民作主的责任观念。人们相信，通过各级合格和负责任的官吏，借着逐级向上、直达天听的渠道，实质的公道终究可以获得。而为了满足这种关乎正当性的期待，并且维持民众对于公道最终能够实现的信心，国家不但要通过平反冤案提供有说服力的事例，而且要维持一种开放而近乎无限制的申告程序。不仅如此，在现行制度中，司法虽然区分于行政，其实仍然是行政的一个环节，以至在某种意义上可以说，司法是有限制的信访，信访则是扩大了的司法。这就是为什么，高铁钢可以没有明显障碍地往来于司法程序和信访程序之间，并通过二者之间的连接找到解决问题的办法。这也是为什么，市委书记的批示成为本案出现转折的关键性因素。

那么,高铁钢的"权利宣言"到底有什么意义?他的依法维权是不是真的如新华社记者所说,"使民众听到了法治文明和社会进步的脚步声"?如果是,那又是什么样的进步,什么样的法治?

高铁钢式的冤情是古老的,高铁钢本人却生活在一个"权利的时代"。这里,大写的权利不但被写在纸上,挂在嘴边,体现在国家正式制度的设计里面,而且也确实被许多人以不同方式实践着(人们已经司空见惯的"一块二官司"是维权的另一种典型)。这意味着,高铁钢在申冤的路途上多了一种选择。这种新的选择不但为他提供了新的语汇和武器,而且为他提供了新的符号,新的合法性,新的意义世界和想象空间。理论上,这重新的意义世界和想象空间对他一直是开放的,而他之所以不能够轻易地融入其中,首先是因为这重抽象世界还远没有征服现实。在残酷的现实生活中,新旧两个世界是纠结在一起的。高铁钢自己很清楚这一点,所以他把自己的维权说成是"中国式维权"。什么是"中国式维权"?高铁钢回答说:"这就是中国维权的现状。专案组人员跟我说:'铁钢,你这事按中国法律来说,已经到头了。'怎么个到头法呢?就是,引起媒体的关注,引起有关领导人的震怒、批示,这就结束了。按照理想状态应该走法律程序,而在中国式维权中,还是'人治'居多。"(期12)换句话说,在高铁钢的心目中,理想状态就是法治,现实却是人治居多。所谓中国式的维权,就是要承认和面对这一事实,在理想与现实之间回旋往复。

如此说来,一定要问高铁钢所为是"申冤"还是"维权",恐怕是一个错误的设问。高铁钢所做的,既是申冤,也是维权。这来源于不同世界的两套符号、话语和意义,以相互矛盾、冲突又彼此渗透和连接的方式同时呈现在他的身上,构成了他所谓"中国式维权"的基本特征,也表明了我们所处的这个变化中社会的特点。对此,我们可以作进一步的观察和分析。

首先,借助于符号、意义、行动、制度的分析框架,我们可以发现,"申冤"与"维权"这两组概念和符号在现实的行动结构中呈现出多重关系,其意义可以嫁接和转换。比如,作为对于遭受不公的一种道德情感的强烈表达,"冤"虽然是中国固有和传统的概念,但是今天未尝不能针对权利受到侵害而发,从而转变成一种"为权利而斗争"的诉求。甚至,就是最具中国特点的"争(一口)气"的概念,也不一定与权利—法治的逻辑相悖。如果说"冤"是行动的理性的理由,那么"气"就是行动的情绪性动力。诉诸权利的行动同样需要理由和动力、理性和情感。承认这一点,我们就会发现,传统与现代并非截然对立,在中国建设权利—法治型社会,靠的不只是传播新观念,更要寻找传统与现代的结合点,发现它们之间意义转化的可能性。

接下来的问题是,意义的转换如何可能?其途径又在哪里?

谈论意义转换,前提是有新的可供选择的符号资源,不过,以现今情况而言,令这种转换能够实现的最重要的条件,恐怕还是要有相应的制度性渠道。制度不但限定了符号的运用,而且可能改变符号的意义。在高铁钢的个案里,我们可以清楚地看到,新的符号资源并不缺乏,与之相配合的制度资源却严重不足。或者不如说,这是一个多种制度、符号、意义互相重叠、矛盾、冲突的世界,作为行动者的高铁钢只能从中截取对自己有用的部分,拼凑出一个可能奏效的行动方案。面对不同的人、机构和情境,他使用不同的语汇、口号和策略,正是在这种毫无浪漫色彩的与制度互动的过程中,权利、冤枉、维权、法、气、正义这些概念获得了实际的意义。这样一个过程,无论我们称之为"申冤"还是"维权",都不简单是理想在现实中的展开,毋宁说,这是理想同现实妥协。这种妥协不仅表现在结果上,更渗透在过程中,渗透于行动的每一个环节。实际上,我们很难确定,在高铁钢称之为(法治)理想与(人治)现实的冲突中,诉诸理想在多大程度上是行动者的目标,而不是其达成目标所采取的策略。中国式维权的胜利究竟在多大程度上超越了"现实"而接近"理想",始终是一个问题。

上面的分析强调了意义转换的可能性以及在此过程中制度的重要性,但是并未假定这种所谓意义转换是单面的和单向的。事实上,符号、意义、行动、制度之间的关系是复杂的和多面的。赋予意义的心理过程并非独立地发生,它依赖于有限的符号资源和符号运用的方式，而凝结符号、强化意义的最重要的手段就是制度。在不同符号和意义互相竞争的世界里，制度的导向至关重要。然而同样确实的是，制度的正当性并非不证自明，制度需要被认可、接受甚至信仰。在这个意义上，它也需要回应意义赋予的个人和社会的心理诉求。用我们的说法就是，申冤可能转变成维权，维权也可能就是申冤，或者二者兼具。恐怕这才是高铁钢案的正确读法。在回答怎样做到依法维权的问题时，高铁钢回答说："上访告状，我遵纪守法，不出格。另外，法律正常渠道我也都走了，我相信早晚我都能赢。"（期12）在这里，高铁钢似乎暗示，相对于法律程序，上访告状是一种非正常渠道。这和他关于法治是理想状态而现实是人治居多的看法是一致的。不过，作为一种正式制度安排的信访，不但其本身是合法的，而且同样有法纪上的要求。高铁钢注意到这一点，所以"理性地"选择了"遵纪守法，不出格"的策略。然而，如果我们更仔细地分析，"遵纪守法"和"不出格"所指的并不是同一种行为。如果说，"法"和"纪"通常是形诸文字的规范和标准，那么，"格"更多是依据常识来把握的度。前者指向一般行为，后者则与具体情境联系在一起。在高铁钢的故事里，把喊冤车开到元宵节庆典的观礼台和"两会"现场当然不合法纪，但依一般人判断可能不算太出格。那么，在高铁钢心目中，法究竟是什么？"法律正常渠道"上的"法"同"遵纪守法"中的"法"是什么关系？它们同"格"

又是什么关系？守法和不出格的经验对于高铁钢的法律意识会有什么样的影响？假定高铁钢通过"法律正常渠道"没有讨回公道，而在"法律正常渠道"之外又没有其他途径，他是会反抗法律，但同样是"理性地"选择其他策略不屈不挠地去追讨公道，还是会强压心中愤懑不平之气而甘心接受法律的裁判？对此，我们不能妄加推断。但我们必须承认，要求实质公道的诉求并无不当，而满足对实质公道的要求从来都具有正当性。

着眼于行动者赋予意义的心理活动，我们还可以注意下面两段表述的含义。2002年8月28日，高铁钢诉三门峡市司法局、三门峡市法律援助中心和律师常金生一案开庭审理。据报道，庭审后有记者问高铁钢有何感想，高铁钢"感慨说：第一是良心，第二是良心，第三还是良心。他坦言，打这个官司的目的不仅仅是要回5000元的律师费，更重要的是把这个案件内幕揭露出来，唤醒人们的良心"。（期11）在最近一次接受媒体的采访时，记者问到："你觉得什么时候维权算胜利了呢？"他回答说："社会正义扬眉吐气，该受到法律惩罚的人要受到法律惩罚。至于金钱赔偿方面真的无所谓。"（期12）我并不准备说，这类颇具道德意味的表达是传统的，因此便是"申冤"型而非"维权"型的。相反，我觉得它们既是传统的也是现代的，它们可以容纳权利的诉求。不过在这里我更想强调，这些具有特定文化意蕴的表达所包含的，与移植的权利／法治体制并非丝丝入扣天衣无缝，而它们所要求的，也未必恰好是权利—法治体制所提供的。它们的存在，隐约指出了权利—法治体制的另一种可能性。

最后，我们也不要忘了把高铁钢案件变成一个公共话题的事件，不要忘了围绕这一案件的报道、解说和评论。当一个案成为公共话题，它的意义就会变得更加多样。有趣的是，最早让这个案件变成公共话题的并不是媒体，而是高铁钢本人。而他之所以获得成功，是因为他选择了一个正确的策略：告自己的律师。作为"中原第一例状告律师案"，该案被河南电视台进行了现场报道。高铁钢对自己的策略并不讳言。他说："通过告他，我想把这个案件公之于世。告律师就是维权的第一步。"（期12）而当案件被公之于世，意义赋予的过程也随之公共化了。当时的一位法院人士认为，当事人状告自己的律师不作为，充分反映普通老百姓已具备了较高层次的法律保护意识。而一位法律教授则希望通过这个案件让律师懂得，为当事人提供法律服务时应该"依法服务，尽职尽责，兢兢业业"。（期11）此后，随着高铁钢案因为新华社记者的报道而成为一个全国性的公众话题，围绕该案的解释便更加多样化了。据报，河南有关部门已经成立了专门工作组，"负责妥善解决高铁钢冤案遗留问题。有关负责同志表示，接受舆论监督，彻底查清高铁钢冤案"。（期12）自然，把高铁钢树为依法维权、理性维权的模范，并把这种典范同宪法和法治文明联系在一起的，是一种更具权威性和自觉意识的赋予意义的活动。

这些解释正确吗？坦白说，这不是我关心的问题。事实上，它们是否正确并不重要。重要的是它们存在并且影响到我们的意义世界和生活世界，进而影响到我们的未来。这里就像是一个战场，参与的各方都想通过自己的解说拥有解释对象，从而建立对解释对象的支配。实际上，所谓权利—法治体制的建立，就是一个意义赋予的过程，一个透过解释活动征服和获得其对象的过程。因此，我们关心的问题便是，各种不同的解释，包括行动者自己以及其他人、机构和方面的有意无意的解释，是如何产生的，它们具有什么意义，它们相互间如何作用，以及，这种相互作用会产生什么样的结果。我想，在对高铁钢案作了上面的分析之后，我们对于这些问题即使没有明白的答案，至少有了一些可供深入研究的线索。而在本文的结尾，我只想指出，透过高铁钢的个案，我们可以看到一幅意义赋予和制度建构的复杂图景，这幅图景只有被置于一个不同符号和意义世界被压缩在同一时空的变迁社会中才可以了解。而对那些通过观察和解说介入其中的人来说，重要的是必须认识到，这个变化中的社会包含了不止一种发展的可能性，用上面的话说就是，在不同的符号、意义、行动和制度之间可能有多种组合。这种组合将决定中国社会未来权利—法治体制的样态。

[原载《二十一世纪》2007 年 12 月号；
《法律何为》，广西师范大学出版社，2013 年]

注释

1. 本文关于高铁钢案的叙述和引证均出自《半月谈（内部版）》2004年第11和12两期刊登的新华社记者周清印等对该案的调查采访：《维权一千五百天："我不是杀人犯"和"钢筋铁骨高铁钢"》。以下引用这两份报道时只注明期刊号，即"期11"和"期12"。
2. 参见周清印《500名人大代表考问国家赔偿，13份议案欲修制度》，www.yihuiyanjiu.org/yhyj_readnews.aspx.

立法何为?
——对《劳动合同法》的几点观察

2006年3—4月间,审议中的《劳动合同法》草案向社会公布以征求意见,结果,全国人大常委会法工委在一个月里收到的意见竟有191 849件,数量之多,创下历史纪录。从此,有关这部法律的各种消息便频频见诸报端。尽管如此,这部法律于去年六月通过后在劳动关系领域引发的强烈反响,还是大大出乎人们意料之外。在该法于今年1月1日生效之前,裁员潮此起彼伏,无论民企、国企,内资、外资,不拘企业、事业,中央、地方,均有参与。其中以7000人集体辞职再竞争上岗的华为"辞职门"事件最为著名。[1] 新年伊始,珠三角地区大批企业关闭、转移,《劳动合同法》的实施被认为是"压倒骆驼的最后一根稻草"。[2]

这一切缘何产生?在新法所谓"用人单位"看来,新法的实施意味着用工成本大为增加,新法关于"无固定期限劳动合同"的规定,极大限制了用工灵活性,终将削弱企业活力与创新能力。新法生效前形形色色的裁员就是由此而来,撤资、关厂也与此有关。然而,面对业界的反应,立法者的回应是:企业"误读"了法律[3];企业在用工方面"依旧拥有完全自主权";实施新法不会增加企业用工成本(至少不会增加守法企业的用工成本)。因此,只要用人单位"转变思想观念",这些问题便会化为乌有。[4]这样的回答真令人难以置信。

法律针对行为而发,改变规则旨在影响行为。因此,颁布一部新法而引发行为人不同反应,自属常理。然而,行为人对法律的反应是基于对法律的误解,尤其是对法律基本条款的误读,这种情况并不多见。照理说,新法将出,立法者俱在,要知法律真实含义不难。但实际情况却非如此。立法者言之凿凿,即使可信,也只及于立法意图,然而行为人关心的是法律的实际含义,即其真实影响,就此而言,法律文本犹如文学,不同之人可以有不同解读。那么,就此法而言,究竟谁的解读更真实可信?

立法者的判断或许有事实根据,但在涉及具体利益问题上,我们也许更应相信利益相关者自己的判断,这不单是因为,当事人通常比其他人更了解自己利益之所在,因此在判断相关规则之含义时更切近实情,而且也是因为,他们关心的首先且主要是自己的利益,而不会像立法者那样考虑更多问题。换言之,在对新法的理解问题上,行为人的理解更可能近于真实,而立法者的解释,或者是为了平息裁员风潮,解除行为人疑虑,或者是失于判断,真的以假为真了。而无论是哪一种情况，都可以被看成是立法的失当。

当然，我们也可以假定，立法者所言不虚，裁员风潮确实是基于对新法的误读。但在这种情况下，我们便要怀疑立法者的能力和智慧。无论如何，大规模的裁员、集体辞职、关闭工厂、转移资金等均已发生，更重要的是，行为人对新法的认识业已形成：劳动者充满期待，甚至跃跃欲试，"用人单位"或者丧失信心，或者观望徘徊。一句话，现实的损害已经发生，潜在的动荡不安则酝酿着新的危机。这一切为什么能够发生？立法者的工作本是透过规则的制定传达特定意图，借此与行为人互动，构筑社会秩序。如果立法者不能保证自己字斟句酌写下的字句传达其希望传达的意思，他们便不可能预知法律实施的后果，也无法以恰当方式与行为人互动，更不能有效参与社会秩序的建构。

现在，让我们把对立法者的批评放在一边，而采取一个相反的假设。我们承认行为人对新法的理解是对的：是的，新法将缩小用人单位的用工自主性和灵活度，增加其用工成本。但这些是应当的和必要的。难道劳动合同签约率低不是事实？短期劳动合同不是仍在盛行？用人单位利用其强势地位损害劳动者利益的事情不是经常发生？[5]新法旨在保护劳动者合法权益，构建和谐稳定的劳动关系。为此，法律向作为弱势群体的劳动者倾斜，对用人单位提出更多要求，即使限制其自主，增加其成本，皆不乏正当理由。实际上，这些正是支持新法的主要理由。

说劳动者权益方面存在严重问题没有错,透过法律解决这一问题的正当性和必要性也毋庸置疑。但这些并非人们争论之所在。引发争议的问题其实更形具体。就以最具争议的用工制度来说,限制用人单位的用工灵活性,究竟为当事人各方以及全社会带来了什么?它是在无损效率的情况下促进了公平,还是为公平牺牲了效率?如果是后者,其公平之所得能否抵消效率之所失?或者,它在损害效率的同时,并没有增进公平,反而有损于公平?新法意在加强对劳动者的保护,但它采取的措施是否真的保护了劳动者?受到保护的,是哪些劳动者?这种保护对其他劳动者有何影响?它是不是真的有助于实现和谐稳定的劳动关系?

这些问题已经引发诸多讨论,有论者指出,中国的劳动者不仅人口庞大,而且形态各异,分属不同阶层的劳动者,其间差别不可以道里计,新法对此未加细分,一体适用,反失定衡。[6]也有人认为,劳动者工资水平高低,最终取决于劳动力市场供求关系,因此,提高劳动者福利,根本之道在于发展经济,促进就业。新法强制推行的用工制度,导致企业用工减少,竞争力削弱,直接间接造成更多失业,岂可谓保护了劳动者权益?更有批评者指政府提供社会救济不足,履行职责不力,反以企业为养人之地,卸责失职,难辞其咎。[7]这些批评是否成立,读者自可判断。我这里更关心的是另外两个问题:

一个涉及立法的效用；一个则与当下立法的机制和文化有关。

劳动关系方面的问题由来已久，调整劳动关系的法律也并非今日才有。实际上，《劳动法》早在1994年就已颁布实施，其中关于劳动关系的各个方面均有规定，新法不过是对其中劳动合同部分的改写和细化。着眼于此，人们自然想知道，这十数年间究竟发生了什么，使得新法成为必要，或者，新法的哪些增修能够补旧法之不足，以及，它们是否必要，能否奏效。

20世纪90年代以来，中国经济一直保持高速增长，与此同时，关于劳动者利益受到侵害的各种报道也不绝于耳：血汗工厂、大规模拖欠工资、严重超时工作、劳动条件恶劣、劳动者健康无保障、劳动者缺乏社会保障，用人单位逃避法律义务，凡此种种，不一而足。毫无疑问，这些都是新法要面对和解决的问题。然而，这些也是当年《劳动法》要解决的问题。换言之，假如《劳动法》真的被有效地执行了，上述种种损害劳动者合法权益的事情，即使没有被完全杜绝，也肯定不会成为严重的社会问题。如此，则制定新法的必要性也就没有了。那么，1994年的《劳动法》为什么不能有效解决它试图解决的问题呢？这是个大问题，涉及法律与社会诸多方面的复杂关联，远非一篇小文说得清楚。不过，有一点是清楚的，那就是，《劳动法》用意虽好，但是执行法律的机制有问题。这或者是因为法律的操作性不高，或者因为监管不力，或者因为执法成本太高，或者因为救济途径不畅，又或者因为执法者缺乏积极性，还可能是因为法律本身就与社会脱节。总之，出现劳动者合法权益屡屡遭受侵害的情况，并不是因为没有法律，也主要不是因为法律内容不够"先进"，而是因为法律无法落在实处。而这意味着，要切实解决劳动者权益问题，第一要紧的，不是订立更多的法律，制定更高的标准，而是找到更加合理可行的办法，使法律具有实效。否则，再好的法律也不过是画饼充饥，不解决实际问题，倒可能成为新问题之源。

与旧的《劳动法》相比较，新法最突出的特点，是法律进一步向劳动者倾斜。最具争议也最让"用人单位"头痛的"无固定期限劳动合同"条款，便是这方面的一个著例。在1994年的《劳动法》中，"无固定期限劳动合同"像另外两种劳动合同一样，都是基于劳动者与"用人单位"双方合意而订立。而根据新法，只要满足若干不难满足的条件，"用人单位"就必须与有此愿望的劳动者订立无固定期限劳动合同。立法者的意思，是要通过引入这种对用人单位具有强制性的用工制度，改变所谓劳动合同短期化现象，创建和谐稳定的劳动关系。撇开这种做法的正当性以及它可能产生的种种负面影响不谈，以这种方式促成的劳动关系，也许可以实现某种统计上的"稳定"，但恐怕很难促进"和谐"。新法通过后在全国范围内引发的裁员、劝辞、改派，无不以牺牲和谐为代价。而在新法实施之后，"用人单位"为辞退某些它不想再雇用的员工而使用的各种曲折手法，同样会让"稳定"表面下的"和谐"荡然无存。[8]

一个同样耐人寻味的例子是"劳务派遣"制度。立法者在关于新法的说明中,特别提到所谓"劳务派遣用工",认为这种近年来发展迅速的用工形式缺乏法律规范,以致劳务派遣工成为劳动力市场上最脆弱的群体。[9]有鉴于此,新法设有"劳务派遣"专章,以确保这部分劳动者合法权益不受损害。也因此,立法过程中人们预言,新法一旦实施,劳务派遣公司将大批关门。然而事实却是,新法的通过促成了劳务派遣的空前繁荣。航空、银行、石油、电信等行业的许多大型国有上市公司,以及大量事业单位、机关、团体,纷纷在新法生效前把一些老员工改为劳务派遣。劳务派遣的空前繁荣使得劳务派遣公司数量激增,甚至引来海外资金。最具讽刺意味的是,劳动派遣制度的新一轮繁荣,恰好是因为它可以被用来规避和挫败新法,而劳务派遣公司的百分之七十,又是由各地劳动保障部门经办或审批的。[10]

凡此种种说明了什么?为什么法律不能奏效?为什么新法中如此重要的条款竟遭"误读"?为什么引发如此强烈反应的法律条文在立法过程中并未受到相应各方的关注?为什么立法者不能预知即刻就要发生的针对新法的强烈反应?为什么新法公布之后争议蜂起,其激烈程度逾于之前?为什么一部"用意良好"的法律可能产生适得其反的结果?这些问题大概都与中国当下立法的模式和机制有关。

从形式上看，立法一般涉及三个方面：政治的、法律的、社会的。立法反映民意，具政策含义，有道德指向，这些是其政治的方面。立法须依特定程序，遵守法律内部标准，如含义清楚、前后一贯、保持法律体系内在的一致性等，是为其法律的方面。最后，法律乃实践的科学，必须考虑其可行性与实际效用，因此，法律的成本分析，效用评估，均不可少，这些是其社会的方面。据此看当下的立法模式、立法机制及思想方法，有几点可以注意。

首先，立法政治性极强。1994年《劳动法》和2007年《劳动合同法》都把"保护劳动者的合法权益"奉为宗旨，然而，新法的特色，却是要"构建和发展和谐稳定的劳动关系"。在这后面，有一整套不断变动的政治话语：从20世纪90年代的"稳定压倒一切"，到21世纪的"科学发展观"，"以人为本"，"和谐社会"。实际上，法律改革本身就是政治决策的结果，全套立法计划也始终围绕政治议事日程展开。政治上的考量，不但决定立法的规划、方向和轻重缓急，而且经常介入特定法律，直接决定其具体内容。

不过，政治主导不一定是赤裸裸的权力支配，政治议事日程的变化也不是无迹可寻。法律服从于政治，政治则反映现实，应对民情，二者均依托"民意"加强其合法性。

改革数十年来，一方面，社会财富有了极大增长，另一方面，公平分配社会财富的机制却未能建立。机会不平等、腐败、垄断和特权更人为扩大了收入差距，加深了社会裂痕。近年来，中下阶层被剥夺的情形愈加严重，底层民众生活维艰，以致民怨沸腾，社会矛盾加剧。这些情形业已引起全社会普遍关注，而来自不同方面、具有不同指向的主张、吁求互相作用，转而催生和强化了一种以贫富对立为核心的道德话语：贫者弱，富者强；贫者可悯，富者不仁；贫者当助，富者当抑。[11] 在这样的社会氛围里，为弱势群体立言，不仅具有道德正当性，而且为"政治正确"所要求。在此情形之下，推出向劳动者大力倾斜的法律，本来就顺理成章，山西"黑砖窑"奴工惨状曝光，更戏剧性地加速了法律的通过，在政治上有立竿见影的效果。[12]

法律与政治合法性的另一个渊源，就是以"进步"观念为核心的意识形态。作为一种关于人类历史的宏大理论，进步观念构成了中国革命的意识形态基础。中国当代社会变革虽然以经济发展为主要内容，却不能脱离旧的意识形态。一部改革的立法史，干脆被视为中国社会进步的标尺，2007年更被看成开启了中国社会进步的一个新的里程。因为在这一年，中国通过了《物权法》和《劳动合同法》。而法律向作为弱势群体的劳动者的"倾斜"，正是《劳动合同法》所体现的进步之所在。[13] 在进步的欢呼声中，新法中最具争议的条款，其正当性不容置疑。

当然，立法以政策为目标并非不可，劳动立法也不是不能

"偏向"劳动者一边,这里的问题是,政治考量是否有其他因素来平衡,尤其在多种利益竞争、冲突的场合。同样,法律如何向劳动者"倾斜"以及"倾斜"多少,是根据单纯的政治意志来决定,还是通过利益各方的博弈、互动加以确定,并在法律将要发挥作用的特定社会背景中被仔细评估,这些问题至关重要。

《劳动合同法》制定过程中,法律草案曾向社会公布以征求意见,立法者也曾以调查和召开座谈会等方式了解情况,这些举措固然有利于立法者了解和吸纳更多意见,但是并不意味着,立法因此就能够顾及各方诉求,平衡不同利益。尽管比较另外一些立法个案,《劳动合同法》的制定过程相对公开,但是利益相关者之间的博弈远非充分。在结社受到严格限制,民间社会倍受压制的情况下,个体意见的表达,即使数量巨大,仍不足以形成高度理性的有组织力量,更无法独立对立法产生实质性的影响,这正是无论劳动者还是民营企业和民间组织所面对的情形。[14] 所谓立法过程中的博弈,如果不是发生在中央与地方之间,就是发生在政府各部门及其利益关联者(首先是其辖下的大型国有企业)之间,因为只有它们有必备的能力和资源有效地参与立法过程,并把它们各自的利益写入法律。在《劳动合同法》草案向社会公布期间,民间唯一有组织的意见表达来自外国商会。这一利益群体习惯于以压力集团方式向立法施加影响,但在中国的制度背景下,它们的经验难以奏效。

说到底，中国现行立法体制并非建立在利益相关者平等参与、互动的博弈机制之上，也就是说，它没有为各种不同利益的有组织表达提供必要的空间，没有为相关利益者在立法过程中充分互动提供有效的程序，也没有为立法认真考虑和吸纳各种利益诉求、最终实现立法博弈所达成的结果提供制度性保障。[15]这种立法模式，充其量是所谓民主集中制式的，它符合政治主导型立法的特征和要求，但是未必适合利益纷杂的多元社会的复杂情态。立法与社会脱节，其根源在此。

立法过程中不同利益的表达和博弈，不但有助于加强法律的合法性，而且能够提高立法的可行性。政治主导的传统立法模式，观念先行，计划性强，以法律为促进社会进步的工具，对法律实施的社会条件注意不够，更没有发展出一套科学方法和工具，对立法、执法、守法的各个环节做成本收益的细致分析。[16]在此情形之下，立法不受现实羁绊，却要现实服从法律规划。法治以立法为核心，立法则表现得无所不能：但有社会问题，必归之于无法；法律不行，则归咎于行为人法律意识淡薄；旧法不解决问题，则另立新法。在即将结束的第十一届全国人民代表大会第一次会议上，官方在历数过去五年立法辉煌成绩的同时，又宣布了令人振奋的未来立法规划。然而事实是，一方面，三十年来立法一路高歌猛进，仍不能满足法治之需，但在另一方面，立法不善以及过度立法的问题，正在造成新的混乱。

此刻，关于《劳动合同法》的争论仍在继续，而且仍然是在道德意识形态和政治主导话语的笼罩之下。"两会"期间，一位身为"富豪"的政协委员提出提案，其中要求修改《劳动合同法》中有关"无固定期限劳动合同"条款，[17]此举一出，立即引发会场内外激烈回应。讨论的焦点，并不在于这些提案本身的理据，而是提案人的身份和立场。反对者认为，人大和政协是公权机构，人大代表和政协委员是公共职位。占据此公共职位，就必须以社会整体利益为念。换言之，人大代表、政协委员所处的职位，不允许他们为特定群体代言、谋利。[18]更有人明确将《劳动合同法》奉为"试金石"，以此判别全国人大代表言论、主张和态度的是非对错。[19]这里的逻辑是，人民代表只能代表全体人民的利益，而不能代表地域的、行业的、阶层的利益。《劳动合同法》为弱势群体立言，体现人民利益，身为政协委员、人大代表，必须拥护该法，否则就不但落于流俗，而且大失"政治水准"。[20]人大与政协既非不同利益的表达、竞胜之所，经由人民代表们制定的法律，自然也不会是博弈和妥协的产物。

《劳动合同法》颁布、实施不过数月，针对该法的行动，以及围绕该法的论争，其激烈与频密的程度，已经超过以往任何一部法律。不过，所有这些，还仅仅是这场法律之战的开始。狭义的《劳动合同法》已经生效，但在更宽泛也更根本的意义上，这部法律尚未完成。依照现行法律体制，法律颁行之后,将有法律实施细则公布,各地方也要制定具体的执行办法和标准,最高人民法院还将制定专门的"司法解释"。这些虽非规范意义上的立法,却有立法之实。换言之,中国当下的"立法",应被视为一个前后相续且涉及多个部门的复杂过程,在此期间,不同地方、部门和层面的"立法者",在各自权限范围内,均可参与法律制定。而不同行为人对法律的反应,也可以为后来的"立法者"所考虑。这意味着,现在判定《劳动合同法》的全部含义及实际影响,为时尚早。[21] 不过,以下几点观察也许可以帮助我们了解所面对的真实问题。

首先,确定合理的劳动关系,主要涉及现实中不同利益的界定、分配与平衡,而不是一个道德问题。因此,道德标准与政治目标,都不是恰当的判准。

其次,劳动关系涉及的利益多样且复杂,因此,制定劳动合同法必须依据经验理性,仔细界定法律的目标,确定法律所欲保护的对象,计算法律实施的成本和收益,预先评估法律可能产生的影响,并随时检讨法律得失。这些不仅要求立法者对于社会现实有清楚的认识,对所要调整的社会关系有足够的了解,还要求他们尊重经济与社会运行的客观性,充分意识到人为理性的不足以及法律的限度。

又其次,建立稳定、和谐的劳动关系,依靠的不是法律的强制性,而是法律之外的东西。法律的强制性介入,可以限定在劳动者利益最低限度的保障这一点上,而确定这一限度的标准，同样不能脱离实情。否则，法律的目标没有实现，新的冲突却可能随之产生。

再次，切实保护劳动者利益，不但要求合理的劳动立法，更要求其他制度和条件的配合。比如，不建立全国通行的个人社会保障制度，《劳动合同法》所着力保护的劳动者利益之一，对于相当数量的劳动者来说便无甚价值；而没有便捷有效的救济渠道，最最基本的劳动者权利也只是由漂亮词藻砌成的空中楼阁。更进一步说，没有自由结社，没有发达的民间社会，不但无所谓立法的民主与科学，任何自上而下的制度设计与安排都不会有持久的生命力。

最后，恐怕也是最重要的一点，诉诸道德化的意识形态，或以传统的政治主导方式，并不能有效解决劳动者保护（就此问题的真实部分而言）的问题。道德化的意识形态，往往把复杂问题简单化，把道德无涉的技术问题变成无法调和的大是大非，把合作、妥协、共赢的可能变成对抗式的零和游戏。传统的政治主导方式，惯以大家长的道德权威姿态，凌驾于社会之上，强调全社会共同利益，否认个别利益的正当性，抑制乃至排斥个别利益有组织的表达。这种推重一致性而无视多样性的治理术，虽可以通行于同质性高的传统社会，却无以应对纷繁多变的现代社会。而对今天的中国人来说，根本的问题在于，经过一百年的社会变迁，尤其是经过最近三十年的改革开放，中国社会业已发生巨大改变，利益分歧和日益复杂的多元社会取代了大家庭式的同质性社会，但是在政治和法律领域，制度与文化仍然未脱传统。换言之，我们透过《劳动合同法》所见到的，不只是当下的立法机制与文化的问题，更是国家治理方式与被治理的社会之间的脱节。而这意味着，现下最重要的，恐怕主要还不是如何通过法律来实现社会进步，而是如何改变现有政法体制，让它们能够适应已经"进步"了的社会。

[原载《书屋》2008 年 6 月]

注释

1 有关华为"辞职门"事件及其意义的报道，参见《劳资新政：华为的门，中国的坎》，《南方周末》2007 年 11 月 22 日。

2 语出"劳动合同法触发多米诺效应，万余港企面临关闭"。对外资企业来说，其他压力包括人民币持续升值、原材料涨价、工资成本上升、招工难、出口贸易受抑、政策频繁调整，和"两税合一"新政。http://news.xinhuanet.com/legal/2008-01/22/content_7469685.htm. 相关报道又见《新〈劳动合同法〉实施 500 余家台湾企业搬离东莞》，http://www.ce.cn/xwzx/gnsz/gdxw/200801/21/t20080121_14301506.shtml.

3 立法者和工会反复说明，把劳动合同法上的"无固定期限劳动合同"理解为"铁饭碗"是一种误解。按照他们的说法，无固定期限劳动合同只是没有规定终止期限的合同。这种解释其实不得要领。正像当初《道路交通安全法》上的归责条款被人们情绪性地简化为"撞了白撞"

一样，"铁饭碗"也是一种情绪性的简化，它所针对的，是对因法律干预引起的用工制度僵化、进而竞争机制减弱、企业活力下降的担忧和不满。事实上，从"用人单位"的角度看，把这种合同解释为"除了法定原因之外的终身雇佣"可能更接近于对法律的正确理解。后面这种说法，见《劳资新政：华为的门，中国的坎》，《南方周末》2007年11月22日。

4 参见《全国人大法律委员会主任委员杨景宇解读劳动合同法》，http://news.xinhuanet.com/legal/2007-07/23/content_6418697_1.htm；《全国人大常委会法工委解读〈劳动合同法〉》，http://www.law-lib.com/fzdt/newshtml/21/ 20070702105540.htm；《最高法将出台劳动合同法司法解释》，http://news.sina.com.cn/c/2007-12-13/024014508828.shtml；《无固定期限合同不是铁饭碗》，《南方周末》2007年11月29日。

5 这即是立法者所说的"影响劳动关系的和谐稳定"的三个问题。详见《全国人大法律委员会主任委员杨景宇解读劳动合同法》，http://news.xinhuanet.com/legal/2007-07/23/content_6418697_1.htm。

6 有报道指，新法虽然扩大了适用范围，但与1994年的《劳动法》相比，实际受保护的劳动者范围却有缩小，那些最需要保护的劳动者，很可能被排除在这部法律之外。参见赵小剑等《哪些劳动者不受劳动合同法保护》，《南方周末》2007年12月13日。

7 部分批评意见，参见刘溜《劳动立法应划清政企责任——专访劳动立法经济学专家王一江教授》，《经济观察报》2008年1月14日；肖华《董保华：华为事件是第一个双输案例》，《南方周末》2007年11月22日；何兵《劳动合同法：热泪盈眶地读，满腹心酸地用》，http://www.nanfangdaily.com.cn/southnews/spqy/200801240828.asp；陈宇《劳动法制何时走向协约自治》，http://news.hexun.com/2008-03-13/104442054.html。

8 相关报道见《劳动合同法实施之初珠三角劳资关系调查：裁人手段更加隐蔽》，http://news.xinhuanet.com/legal/2008-01/18/content_7444358.htm. 在说明新法必要性时，立法者还引述劳动保障部的统计，指过去十数年中劳动争议案件数量增加 13.5 倍，集体劳动争议也大幅度增长。这些都被看成是劳动关系和谐稳定受到严重损害的证据。（《全国人大法律委员会主任委员杨景宇解读劳动合同法》，http://news.xinhuanet.com/legal/2007-07/23/content_6418697_1.htm）不过，人们普遍认为，新的《劳动合同法》实施之后，劳动争议将会有明显增加，这一点，就连立法者也在不同场合予以承认。（参见《最高法将出台劳动合同法司法解释》，http://news.sina.com.cn/c/2007-12-13/024014508828.shtml）这或者意味着，立法者此前引为论据的劳动争议数字毫无意义，或者意味着，新法的实施只能进一步破坏劳动关系的和谐与稳定。

9 详见"全国人大法律委员会主任委员杨景宇解读劳动合同法"，http://news.xinhuanet.com/legal/2007-07/23/content_6418697_1.htm。

10 详见曹海东《劳务派遣的非正常繁荣》，《南方周末》2007 年 12 月 13 日。相关个案的报道，参见《医院后勤工变身劳务派遣工》，《新京报》2007 年 12 月 26 日。

11 贫富现象的存在固然是事实，但是何者为贫，何者为富，贫富缘何而生，如何划分等，这些问题却无法借贫富二字加以认识和说明。换言之，以贫富划线，可以简化问题，易于调动情绪，却不能了解社会的复杂样态及其成因。

12 "黑砖窑"事件属刑事范畴，与劳动合同法并不相干。然而这一事件的披露却对制定过程中的《劳动合同法》产生即时而重大的影响。为回应舆情，立法者在该法通过之前专门增加了若干回应性条款（第

88、93、95条）。这一举动耐人寻味。如果说新增内容十分必要，那就说明原来的立法十分粗疏；相反，如果这些内容并非必要，那就说明立法受到不当影响。无论如何，这一立法上的急就章很好地揭示出《劳动合同法》本身及其与社会互动的复杂而微妙的性质。

13 有人把《劳动合同法》誉为保护劳动者的"利剑"，有人认为该法体现了"法治进步"。该法通过向劳动者"倾斜"而实现了"公正"，更是立法者及其支持者们众口一词的主张。参见，比如，《2007：立法推动社会进步》, http://www.chinacourt.org/html/article/200712/13/278385.shtml.

14 甚至一位地方工会干部也承认，各级工会"作用很有限"，资方组织则"残缺不全"，协约自治的资源严重缺乏，而国家在各层次的强力介入，只是造成了劳动关系的僵化。参见陈宇《劳动法制何时走向协约自治》, http://news.hexun.com/2008-03-13/104442054.html。近年来，民间维权组织也进入劳动关系领域，然而其生存条件极为恶劣。有关报道，参见徐春柳《珠三角"劳工维权NGO"举步维艰》，《新京报》2008年2月21日。应当指出的是，这种情形反映了整个民间社会的政治生态。

15 立法期间，所谓用人单位，尤其是民营企业和民间机构，绝大部分没有注意到新法中与自己有关的"玄机"，没有意识到新法可能产生的影响，更谈不上以积极参与方式表达意见，影响立法。在这一现象后面，存在着对他们参与"民主立法"的制度性障碍。正因为如此，他们与法律的"博弈"，只能是事后的，而且是"出人意料"的。

16 不夸张地说，中国当下立法仍然处在"粗放式"的阶段。被立法者标榜为"民主立法、科学立法的又一典范"的《劳动合同法》也不例外。人们津津乐道的对该法草案将近20万条的反馈意见，其意义其实十分有限。这些意见不可避免地是分散的、重复的、琐细的和表面的。即使如此，这些意见也没有被公开，以便人们了解、研究和发表评论。立法草案的公布，相关意见的搜集、整理、公布和处理，在此基础上的论辩、听证等，更没有被程序化和制度化。在这种情况下，即便"民意"没有被操纵，也很难成为立法之"民主"与"科学"的基础。

17 参见《女首富张茵：委员不能顺风走》，《新京报》2008年3月9日。

18 参见《替本群体代言真的天经地义？》，《南方都市报》2008年3月19日。对此，有回应说，政协委员可以替某群体代言，但是人大代表不行。见李清《委员当然可替本群体代言，代表才不行》，《南方都市报》2008年3月21日。

19 参见党国英《〈劳动合同法〉对人民代表是"试金石"》，《新京报》2008年3月9日。

20 参见党国英《〈劳动合同法〉对人民代表是"试金石"》。"政治水准"四个字，最能够表明中国民主制度的本土特色。

21 有业内人士认为，这部法律不会对现实产生任何根本性影响，法律的"荒唐"之处，必定会有"同样荒唐的东西"予以纠正。肖华《劳动合同法：越来越大的冲击波》，《南方周末》2007年11月29。而在正在进行的全国人民代表大会第十一届大会上，面对记者提问，社会保障部门的官员态度坚决，表示将严格执法，并且断然否定修改新法的任何可能。当然，这首先是一种姿态。

在中国，法律是什么？

——以《劳动合同法》为中心展开

一

2009年岁末,一系列法律事件引人注目,[1]其中,北京大学法学院五位学者上书全国人大常委会一事,将社会公众的注意力引向《城市房屋拆迁管理条例》的存废或者修改议题。[2]不过,发生在同一时间的另一起学者上书事件,虽然也涉及法律,涉及广大人群的利益,却悄无声息,鲜为人知。

这份由六名社会学学者署名的呼吁书,如前述五学者上书一样,也是针对具体社会事件而发。呼吁书写道:

> 近日,深圳尘肺门[3]事件成为社会关注的热点,各大媒体进行了深入报道,卫生部和深圳市政府也作出了及时的反应,然而直到今天,来自湖南张家界的这些工人还是没有得到应有的赔偿和诊治,唯一的原因是工人们没有劳动合同,确认劳动关系困难重重。[4]

作者们接着指出，那些陷入困顿的只是四千万建筑工人中微不足道的一小群人，而在建筑工人这个庞大的群体中，和雇主定有劳动合同的同样只有很小的一部分人。根据他们的调查，缺乏劳动合同通常令劳动者无法按月领取工资，导致严重拖欠工资的情况；[5] 遇有工伤事故发生，责任难以认定，伤者往往拿不到足额的赔偿；劳动者若不幸罹患职业病，同样因为难以确认直接责任人，令他（她）们难以得到及时的诊疗与赔偿。六位社会学学者最后呼吁：

> 要从根本上改变这种状况，需要人力资源和社会保障部承担起应有的责任，落实《劳动合同法》，加大对违规违法的查处力度，确保建筑公司与工人签订劳动合同。[6]

促使（甚至迫使）用人单位与劳动者订立书面劳动合同，本是《劳动合同法》的一项重要目标，但在这部法律实施将近两年之后，在至少建筑行业，达成这项目标的努力显然未见成效。法律不能奏效，却又被视为解决问题的关键。这种情形颇具讽刺性，却并不鲜见。实际上，过去数十年间，立法跃进，一日千里，以往法制疏漏、无法可依的局面得以大幅改善，[7] 以至建国 60 周年之际，官方能够公开宣称，具有中国特色的社会主义法律体系已经基本建成。[8] 然而在另一方面，已经制定和实施的法律往往不以人们——也包括立法者——期待的方式运行，法律与社会脱节的现象所在多有，有法不依、执法不严的情形也比比皆是。对此，极端的批评者以为，这个国家根本没有法律，即使有，法律也只是写纸上，形同虚设。[9] 看上述建筑工人的例子，人们恐怕不能不承认，这种批评很有道理。然而这种看法可以推及整个《劳动合同法》乃至于所有其他法律吗？人们可以有根据地说，所谓"有中国特色的社会主义法律体系"，包括刚刚提到的《劳动合同法》，仅仅是写在纸上的法律，在实际生活中完全不起作用？或者，人们做出这样的判断，只是因为他们固执于某种"标准的"法律定义——比如，视法律为权利的保障，秩序的基础，客观而确定的规范，具有独立不移的权威性——而昧于中国的法律现实？实际上，真正有意义的问题并不是中国有没有法律，而是名之为法律的那套规则、程序、制度和实践，在现实中如何呈现并且发挥作用（如果它们确实具有某种作用的话）：法律如何被认识和界定？它们是怎样制定出来的？又是如何被运用的？法律对社会有何影响？在日常生活中具有什么样的功效？它在行为人心中引起什么样的想象和反响？在当代中国的社会变迁和政治演进过程中又扮演了什么样的角色？一句话，在今天的中国社会和中国人的经验里，法律究竟是什么？系统地回答这些问题，恐怕不是眼下这篇文章所能做到。本文要做的，是从不久前制定实施的《劳动合同法》入手，就 [在中国] 法律是什么的问题，作一些初步的讨论。

在开始讨论这个问题之前，先做一点说明。事实上，探寻法律是什么的问题可以由许多不同方面入手，选择《劳动合同法》有很大的偶然性。但这并不意味着这种选择无道理可言。作为一部 2007 年通过、2008 年实施的新法，《劳动合同法》在许多方面值得我们特别关注。

首先，这部法律在相当程度上代表了三十年来立法的成就，以至为立法者标举为"民主立法和科学立法的典范"。而从分析的角度看，该法所由产生的立法思想、立法机制和立法文化，也同样具有典型意义。[10]

其次，《劳动合同法》涉及利益重大，影响范围广泛，其重要性不言自明。而该法本身，也因为其内容和通过的时机，被人们赋予了保障人权、推动社会进步、开创劳动关系新时代等诸多深切含义。[11] 以这样一部法律为观察对象，可以帮助我们获得中国当下有关政治、法律、社会及其相互关系的诸多重要消息。

最后，《劳动合同法》甫出即引发各方争议与不同应对，其间不乏戏剧性的波折，而且其波澜不息，至于今日。这意味着，透过这部法律，我们可以直接面对当下最真实的问题，并由此对当下中国社会中"法律是什么"的问题进行反思。

本文下面分两个部分展开。首先，我将按照时间顺序简述《劳动合同法》实施前后法律与社会互动的过程。然后，我就以此案为例，围绕法律是什么的问题作一些引申的讨论。

二

自其开始进入公众视野至今,《劳动合同法》的发展大体经历了四个阶段。

第一阶段：法律制定过程中的有限博弈

2006年3—4月间，审议中的《劳动合同法》草案向社会公布以征求意见，结果，全国人大常委会法工委在一个月里收到的意见竟有191 849件，数量之多，创下历史纪录。不仅如此，美国在华商会，以及美国本土劳工组织，也都就该法草案中的内容发表意见。[12] 从此，有关这部法律的各种消息便频频见诸报端。

2007年6月29日，《劳动合同法》在第十届全国人民代表大会常务委员会第二十八次会议上获得通过，并定于2008年1月1日正式生效。其间的六个月，是保证新法顺利实施的预备期。

第二阶段：法律通过之后、实施之前的预备期

新法的通过确实引起社会相当普遍的关注。在官方的法律宣讲之外，法律条文也被律师和企业人力资源管理者们仔细地研读。而后者应对新法所采取的措施，则与立法者所期待的正好相反。事实是，尚未实施的新法激起了法律所谓"用人单位"的恐慌,使得它们争先恐后赶在新法生效之前采取各种规避法律的措施,以减少未来因新法实施对它们可能造成的不利影响。其结果,在整个预备期内,裁员、改派潮此起彼伏,遍及民企、国企,内资、外资,以及中央和地方各类事业单位。其中,中国IT产业的领先企业,华为技术有限公司,其总裁以下7000人集体辞职再竞争上岗,演成所谓华为"辞职门"事件,最为媒体所关注。[13]

围绕这些事件,关于《劳动合同法》是否切合中国现阶段经济发展,以及法律与社会、国家与市场关系等问题的讨论与论辩,一时间甚嚣尘上。

第三阶段:新法正式生效后的社会反响

新年伊始,珠三角地区大批企业关闭、转移,《劳动合同法》的实施被认为是"压倒骆驼的最后一根稻草"。[14] 与此同时,有关《劳动合同法》的争议仍未止息,其中,最富戏剧性的一幕于三月间在世人瞩目的"两会"上演。有"女首富"之称的民营企业主张茵,以政协委员身份提出提案,要求修改《劳动合同法》中有关"无固定期限劳动合同"条款。[15] 此议一出,立即引起会场内外的新一轮争论。争论不仅涉及《劳动合同法》特定内容的妥当性,而且涉及提案人行为的正当性。与此同时,面对记者提问,社会保障部门的官员态度坚决,表示将严格执法,并且断然否定修改新法的任何可能。在此阶段，劳动争议数量直线上升。[16]

第四阶段：《劳动合同法》的细化和实施效果

2008年9月18日，国务院《劳动合同法实施条例》（以下简称为《实施条例》）颁布，同日生效。这部人们期盼甚殷的新法配套法规被一些人认为是由《劳动合同法》立场"180度"的转向。其主要根据是该《实施条例》明确规定了用人单位可以解除劳动合同的十四种情形，批评者认为，这些规定将《劳动合同法》许诺给劳动者的利益抵消殆尽。但是辩护者说，《实施条例》的这一部分，仅仅是把《劳动合同法》中已有的内容集中在一起予以规定，对于相关内容没有丝毫的增加和改变。[17] 无论事实怎样，这一论争至少表明了压力之下人们心理的敏感和脆弱。

2009年到来之前，着眼于全球经济危机背景下中国经济形势日趋恶化这一现实，人力资源和社会保障部、财政部、国家税务总局联合下发了《关于采取积极措施减轻企业负担稳定就业局势的通知》（人社部发〔2008〕117号文件），允许困难企业有条件地暂缓缴纳职工养老、医疗、失业、工伤和生育五项社会保险费，并阶段性降低除养老保险之外其他四项社会保险费的费率，以及在困难企业不得不进行经济性裁员时，对确实无力一次性支付经济补偿金的，允许实行更有弹性的协商办法。[18] 在此一阶段，各地方政府也开始着手制定与劳动、就业有关的法规和办法。[19]而在业界和学术界,要求中小企业免于适用《劳动合同法》甚至主张停止适用该法的呼声始终不绝于耳。[20]

至于《劳动合同法》的实施效果,根据已经披露的为数不多的调查和其他相关信息,我们看到的情况并不乐观,尽管官方的调查显示,新法实施后,企业的劳动合同签订率有所上升,但在雇佣人数最众、积累问题最多的民营中小企业,旧有情形改变甚微,[21]而在纾解经济困局和保全地方利益等多重利益驱动之下,劳动者保护依然不是许多地方政府的优先考虑,在涉及劳动者权益保护的诉讼中,严格适用《劳动合同法》也不是这些地方的司法机构所做的选择。[22]

那么,关于法律是什么的问题,我们可以从这一个案得出什么样的结论?

三

在讨论这个问题之前,先要说明什么是法律?有关法律定义的标准答案可以在随便一本法律教科书中找到:全国人民代表大会制定的规范为法律。但对我们这里要讨论的问题来说,这样一种法律定义显然是不够的。《劳动合同法》固然是法律,但即使是作为法律,它的意义也不是自足的。那些在位阶上低于它的法律规范,如行政法规、部门规章和地方法规,或者立法之外的司法解释、判决乃至仲裁，不仅仅是"法律"的细化、执行和适用，它们就是法律的一部分。因为它们以或一致或矛盾、或直接或间接的方式，共同决定了劳动合同法的内容和实际含义。我们谈论的法律，就是这样一个逐渐形成的具有多种形式甚至包含矛盾内容的规范综合体。

自然，就劳动合同法而言，这样一个规范综合体还未最后完成。但是即便如此，我们已经看到《劳动合同法》面世之后面对的窘境。为了摆脱这一窘境，同时也是这窘境的一部分，作为其实施细则的《劳动合同法实施条例》，一方面，它就解雇条件所作的规定竟然比"法律"更为总括，另一方面，它对争议频发而亟需界定的"劳务派遣"问题却不置一词。[23] 与此同时，为回应经济下滑的严峻局势，缓解企业生存和社会就业方面的压力，行政部门及时推出了诸如"五缓四减三补两协商"一类政策，而在各个地方，以政绩为第一要义的政府立即跟进，制定各自的具体措施，司法机构也往往更愿意遵循政策和行政指引。这些举措立即对《劳动合同法》产生明显的"软化"效果。

其实，即使没有突如其来的经济危机，人们同样有理由怀疑这部法律达成其目标的有效性。一个简单的事实是，《劳动合同法》颁布之前，劳动关系领域并非无法可依。制定于1994年的《劳动法》，其内容与《劳动合同法》多有重合，然而，如果这部法律得到有效实施，则那些几乎每天见诸报章的有关劳动者权利遭受侵害的情形，比如本文开始时提到的建筑行业的情况，就不会或少有发生，制定新的《劳动合同法》的必要性也就大为降低。那么，在其他条件没有显著改善的情况下，是什么促使立法者当初力排众议，高调推动这部法律的制定和通过？法律在构建社会关系和规范社会秩序的方面被赋予了什么样的意义，扮演了什么样的角色？

《劳动合同法》第一条规定："为了完善劳动合同制度，明确劳动合同双方当事人的权利和义务，保护劳动者的合法权益，构建和发展和谐稳定的劳动关系，制定本法。"此条看似简单，其实包含诸多潜台词。"明确劳动合同双方当事人的权利和义务"云云，与其说是因为此前存在劳动合同双方当事人权利、义务未克明确的情形，不如说是因为有"强资本弱劳工"[24]的局面，国家才要强力介入劳动合同关系，通过用法律直接规定"劳动合同双方当事人的权利和义务"的方式，保护劳动者合法权益不受损害，进而实现"和谐稳定的劳动关系"。[25]这里，"和谐""稳定"二词最关键。

进入21世纪以来，在传统的"发展"和"稳定"概念之外，政治话语中屡屡出现"协调""统筹""和谐""以人为本""科学发展"一类字眼，2004年，"构建社会主义和谐社会"被正式确定为党的社会发展战略目标。这些话语、政策和战略上的改变意味深长。它们表明党在这一时期开始面对新的问题和挑战。这些问题和挑战源于以下事实：在经历了二十多年的社会与经济变革之后，一方面，物质财富因为社会生产力的释放被大量地创造出来，但是另一方面，机会不平等、社会分配不公、权力寻租、社会分化加剧以及社会与经济之间的发展失衡也造成一系列严重问题。这些问题对社会稳定造成不可忽视的冲击，甚至影响到政治统治的正当性。劳动关系领域存在的问题就很有代表性，而本文开始时提到的农民工[26]的问题尤其如此。

据国家统计局2009年3月公布的数据，到2008年年末，全国农民工的数量约为22 542万人，其中，在本乡镇以外就业的农民工数量为14 041万人。[27]他们分布在国民经济各个行业，在加工制造业、建筑业、采掘业及环卫、家政、餐饮等服务业中占从业人员半数以上。然而在现行体制下面，这样一个庞大的社会群体，却因为其身份而成为最易受伤害的边缘群体。根据国务院2006年发布的一份文件，农民工面临的问题包括："工资偏低，被拖欠现象严重；劳动时间长，安全条件差；缺乏社会保障，职业病和工伤事故多；培训就业、子女上学、生活居住等方面也存在诸多困难，经济、政治、文化权益得不到有效保障。"政府承认，"这些问题引发了不少社会矛盾和纠纷"。而解决好这些问题，"直接关系到维护社会公平正义，保持社会和谐稳定"。[28]实际上，以构建"和谐稳定的劳动关系"为目标的《劳动合同法》，也是这一波政治回应的一部分。[29]

在关于《劳动合同法》的申辩和说明意见里，有一个概念听上去既陌生又熟悉，那就是"国家意志"。[30]在劳动关系领域，对国家意志的强调首先突出了国家介入和干预"私人事务"的立场。其逻辑可以这样来理解：劳动关系本由雇主与受雇人建立，体现了缔约双方的意志。但是这一领域存在着实质上的不平等和不公正，这就为作为第三者的国家意志的介入提供了理由。[31]更值得注意的是，法律就是国家意志，这种说法表明了后阶级斗争时代的法律意识形态：国家由特定阶级的代表变成了全民的代表，由专政者变成了公共物品提供者；相应地，法律也不再被简单地说成是统治阶级的意志、阶级专政的工具，而被宣布为人民权利的保障。不过，这种后阶级斗争时代的法律意识形态仍然是"具有中国特色的社会主义的"，它强调"国家意志和人民意愿的统一"，以及"党的主张和人民意志的统一"。[32]同样，在制度上保证和贯彻这种统一的，是党领导下的民主集中制。

《劳动合同法》被认为是一部民主立法的典范，这是因为在立法过程中，除惯常所有的征询民意举措如调研、座谈之外，法律草案还曾向社会公开（尽管只有一个月时间），广泛地了解相关意见。部分地因为有这些举措，立法者宣称，这部法律的制定是在充分听取不同意见、协调各方利益并且达成共识的基础上完成的。[33]民主集中制的特点之一是决策的高效率。[34]事实上，民主集中制下的公众意见表达只具有决策参考意义。这种意义上的民主是——至少在被宣称的理想状态下——透过决策者对民意的了解、呼应和满足，实现民有与民享的目标。在这种制度架构中，作为决策者的权力执掌者，对民众负有家长式的责任，而不是诸如代理人对于委托人所负的责任。在中国的政治传统中，这意味着党和人民的关系是超乎法律的。毫无疑问，决策者应当倾听民意，关心民瘼，为人民服务。[35] 其责任追究也是透过其内部的监督、考核、奖惩途径自上而下地实现。换言之，对公众的责任是通过决策者层层对上负责的方式来实现，而许诺和责任最后只能通过其自我批评和自我纠错的机制来保证。

在这种家长式风格之外，且与之相配合，民主集中制非常强调自上而下的导引和控制。劳动关系原本是一个容易达成较高组织程度的社会领域，但是因为政府惯有的对于所有不在其直接和间接控制之下的组织的深刻疑虑，无论劳动者还是"用人单位"方面的民营企业，其组织化程度都很低，既有组织之生存和发展也缺乏保障。这种情形在劳动者方面尤甚。尽管组织工会是劳动者的一项基本权利，但实际上，在隶属于官方系统的工会之外，劳动者从未被允许独立组成和拥有自己的工会组织，遑论以组织方式提出独立诉求和采取行动。这种情形极大地限制着劳动者的集体行动能力，包括他们面对"用人单位"时的谈判能力，也包括他们透过政治参与渠道表达其愿望和意志的能力。

《劳动合同法》宣称要保护劳动者的合法权益，其实际内容也确实展示出了这方面的努力，但在一个以家长方式分配利益、调和矛盾，而拒绝让劳动者自己组织起来并且采取集体行动的制度下，这种努力往往有口惠而实不至之讥。近年来出现并且引起公众广泛关注的一系列事件，如各地频发的出租车罢运，[36] 轰动一时的"通钢血案"，[37] 同样引人注目的富士康员工连环自杀案，[38] 本田汽车公司工人罢工，[39] 以及后续的新一轮罢工潮等，[40] 一方面表明劳动关系领域的种种问题有愈演愈烈之势，另一方面也揭示出《劳动合同法》及其背后的政法体制在应对此类问题时的不足。

四

如前所述，《劳动合同法》在2007年的推出，与官方的社会发展战略目标的调整直接相关，此一战略上的改变直接催生了一波势头强劲的民生立法。所谓民生立法，依照官方的解释，"是指保护公民的经济、社会和文化权利的法律，这些权利的保护和一个国家的经济和社会发展的情况紧密相关"。[41] 在从计划经济转向市场经济之后，中国在劳动就业和社会保障、收入分配、教育卫生、公共服务等方面出现了一些新问题，有一些新的需求。"正是在这样的背景下，全国人大及其常委会把立法的重点更多地转向民生立法，通过法律手段来调节社会矛盾、平衡社会关系、保障社会公众特别是弱势群体的经济、社会和文化权利。"[42] 不过，正如我们在《劳动合同法》的案例中所见，法律文本的话语同立法者/执政者运用法律的方式并不相同，甚至自相矛盾。这种矛盾，单从法律上说，源于权利和福利的不同。

包括《劳动合同法》在内的所谓民生立法所欲满足和保护的各种利益，究竟是权利还是福利？根据立法者的解说，尤其是根据这些法律本身所采用的语词和表达方式，它们显然是权利。不过，传统上，所谓"经济、社会和文化权利"，其中的大部分不被视为权利，至少相对于"公民与政治权利"是如此。尽管这种看法今天已不再居于主流，但是这两组权利的区分，在政法理论及实践方面仍有意义。比如在国际社会，西方/发达国家更强调公民与政治权利的重要性，而非西方/发展中国家更强调经济、社会和文化权利的重要。对此两组权利的区别性对待和运用，从某个方面揭示和证明了存在于二者之间的认识上和实践上的差异，即公民和政治权利更具"权利"特征，而经济、社会和文化权利更近乎福利。

所谓权利，个人得主张之，运用之，无论具体情势如何；而且如果需要，国家须提供制度性的救济手段以保障其实现。福利则不具有这样的刚性和强制性，而且，福利是情境化的，其提供者得根据经济与社会的发展状况决定所提供福利的范围和多寡。对权利的诉求，强化了个人的主张，同时往往设定政府的义务（积极的或消极的）；而对福利的分配，总是会加强政府的权力。当然，经济、社会与文化权利并不就是福利，也不能被当然地归结为福利，但是在家长式威权体制下，这些权利被当作福利来思考和运用显然更切合其制度原则和内在逻辑。[43] 因此，所谓民生立法，与其说是赋权于人民、并且提供有效救济手段、从而增强弱势群体交涉能力的权利法，不如说是加强自上而下的福利分配、关照民众尤其是弱势群体利益的福利法。正因为如此，国家一面大张旗鼓地推动民生立法，采取措施提高民众的福利水平，同时某些地区又对民众自主性的权利诉求多加限制甚至压制，尤其是当这种诉求可能演变成集体行动的时候。[44] 在这样的政策之下，劳工维权组织同样处境艰难，它们中的绝大多数不具有与其性质相符的法律身份，它们的活动受到各种限制，其组织很容易遭到取缔，要获得进一步发展困难重重。[45] 问题是，民生立法不但是以保障"经济、社会与文化权利"相标榜，实际上也确实向维权者开启了一面空间，这种情形造成了政法体制内的紧张。这在司法过程中表现得尤为清楚。

现代社会中，法律是权利的宣示，司法则是权利的保障。这种说法，也成为后阶级斗争时代法律意识形态的一部分。不过，在家长式威权体制下，司法活动很难同政治和行政活动区分开来，它在职业化方面的发展也不足以达到自治的程度，这令其权利保障功能大受影响。前面曾经提到，地方各级法院未能严格适用新颁布的《劳动合同法》,其原因当然与现行体制下司法的地方化有关,与各地方政府在经济发展与劳动者利益保护之间所作的判断和取舍有关。但即使不考虑这一点,期待司法机构扮演劳动者权利保护神的角色也是不切实的。理论上说,司法的权威源自法律,源自裁判者对法律的忠诚,这些反过来会加强法律的权威性,提高法律和司法的自主性,法律的权利保障功能因此而得以实现。但在现阶段的中国,这些条件并不具备。尽管在后阶级斗争时代,党转而强调法律的重要性,并且通过将其意志转化为政策和法律的形式,试图推动国家治理模式的改变,但是这种改变始终没有超出党直接领导下的行政主导模式,而在这种治理模式下,司法机构不但其工作重点辄依政策而定,案件受理和裁判标准也每每受政策影响甚至左右。[46]这意味着,司法机构,尤其是其中的裁判机构即法院,并非以规范为中心展开活动,而是把解决纠纷、发展经济、维护稳定、促进和谐一类政策目标放在首位。流行于司法部门的三句诀,所谓"搞定就是稳定,摆平就是水平,没事就是本事",恰切地表现出一种司法上的实用主义和工具主义的取向。这种取向显然不是权利导向的,亦不足以为权利的保障。

司法上的此种情形,可以被视为一般所谓法律工具主义的一种表现。而在中国,此种法律工具主义是与法律自治的欠缺联系在一起的。这意味着,法律除了被当作实现某种政策目标的工具,也被看成是一种不具有自足权威性的技术手段。作为治理工具之一种,法律与其他治理手段之间并没有截然不同的区别,因此应当被综合协调地加以运用。而且,像其他手段一样,法律也是可变的,富于弹性,可以也应当根据决策者对社会条件和需要的判断予以限制和改变。更重要的是,要对社会变化作出及时的应对,法律就不能成为决策者的羁绊,尤其不能变成统一行使政令的障碍。不过,富有讽刺意味的是,这种法律的工具主义本身往往成为政令不能一统的原因。既然法律只是被工具性地对待和运用,法律的实施及效果就不但会因时、因地而异,也会因人而异,因部门而异。常见的中央与地方之间、中央各部门之间以及地方与地方之间利益上的差异,一旦与对法律的工具性运用相配合,就会破坏法律的一致性,而且产生出一种看上去甚为荒谬的结果,即在现实生活中,法律的效力等级与规范等级常常不能一致甚或适相反对,比如法律高于法规但实效可能不及法规;法律、法规高于规章、意见、决定,但实践中往往不如后者有效;宪法是最高的法律规范,却因此最少可执行性。在《劳动合同法》事例中,我们清楚地看到,中央部委的联合"通知"明显降低了法律的标准,减缓了法律的严格性,而地方性政策、意见、办法的优先适用,更起到软化甚至程度不同地抵消法律的作用。[47]此外,我们也看到,《劳动合同法》通过之初,诸多大型国有企、事业单位规避法律最力,法律实施之后,执法乃至地方司法部门不作为和搁置法律的情况比比皆是。这种情形其实颇具代表性。[48]

论及法律的执行,最为人熟知的现象莫过于运动式执法。法律颁布之初声势浩大的宣导,法律施行之后的执法检查,各种名目的专项治理行动,以从重从快相标榜的"严打",皆属此类。运动式执法是一种行政主导型的法律实施活动,其特点是以行政动员方式,集中资源以达成阶段性目标。运动式执法,不论其范围大小,时间长短,都是围绕特定法律的实施展开,就此而言,运动式执法的概念本身就包含了矛盾,因为,任何法律,即使其时效受到限定,在性质上总是具有一般性,而运动总是倾向于削弱乃至取消它的这种一般性,也就是说,令法律非法律化。事实上,运动式执法一定包括司法机构在内,而参与其中的司法机构所扮演的角色,与其说是行政活动的司法审查者,不如说是统一行动、协同作战的配合者。而这正是现行政法体制的精义所在。值得注意的是,特定时空范围内的运动式执法具有偶发性,因为它与社会问题的累积有关,而非基于治理对象的性质和事物的发生规律。恶性事件的发生、公众舆论的压力、决策者的关注、政策的改变等,都可能促发特定范围的执法运动。[49]因此,当运动式执法成为推动法律实施乃至国家治理的一般手段,法律的不确定性也就成为常态。

运动性执法造成法律实施状态的张弛不一,这意味着日常生活中违法现象的普遍性,[50]与之相伴的,是执法者方面对违法行为的容忍,和行为人方面对法律要求的轻忽。在此情形之下,选择性执法也变得不可避免。实际上,人们习见的这两种法律实施方式有如孪生,有同样的制度渊源,类似的表现形式,往往造成相同的法律后果。只不过,运动性执法相对集中,选择性执法的现象则更加分散。如果说,前者基本上是一种政策型的法律活动,在政府的操控下展开,后者则可能分散在众多政府机构乃至其公务人员之中,更容易成为寻租的手段。它们让执法者事实上享有极其广泛的自由裁量权,令法律在实施过程中因时、因地、因人而异,这种情形不仅造成行为人法律认知上的困惑,也成为弥漫于整个社会的普遍违法现象的一个诱因。

当然,具体就劳动关系领域来说,造成法律推行不力、效果不彰的原因还有很多。立法者对法律实施的社会条件了解不够,以至其对于法律后果的预估适与现实相反。《劳动合同法》颁行前后劳务派遣市场的变化就是一个显著的例子。立法者曾经一厢情愿地相信,新法颁行会对劳务派遣市场形成有效规制,令大批劳务派遣公司关闭,而实际效果是,这部法律至少在短时期内促成了劳务派遣市场的极大繁荣。[51] 对执法成本的忽视是导致许多法律立而不行的另一个原因。运动式执法的流行,部分也可以被理解为执法部门不堪负担时的应对之策。同样重要的是,若无适当的激励机制,任何法律的有效实施均无可能。《劳动合同法》就面临这样的困窘。法律本身确实表现出向劳动者利益倾斜，但是因为存在所谓"县际竞争"、[52]且地方政治考绩最重（如果不是只重）GDP指标，即使不考虑官商勾结、权力寻租一类情形，地方政府/执法者执行法律的动机也不强。而从"用人单位"即行为人方面看，如果说其守法动机往往不敌违法的冲动，那也未必全是因为资本的贪婪。比如在技术创新和提供就业机会方面均有重要贡献的民营中小企业，其生存和发展所依赖的制度环境就远逊于国有大中型企业，[53]加之市场竞争激烈，利润空间狭小，[54]以至劳动力成本的小幅上升也可以被立刻感受到。[55]相反，在这些企业所负担的各种成本当中，劳动力成本又几乎是唯一可以为企业控制的一项，以至企业经常需要在"生存"与"合法"之间做出选择。[56]这一事例也揭示出制度间关联的重要性，这也是影响法律实际效用的一个重要因素。《劳动合同法》除了调整劳动关系，也涉及社会保障制度。实现对劳动者的社会保障，也是这部法律的一个重要目标，但是因为制度不配套与不合理，法律实行时甚至不为劳动者所接受。[57]

五

以上关于《劳动合同法》所作的分析，以及由此引申开来的讨论，重点在于现行政法体制，以及这种体制下形成的治理模式，包括法律制定与实施的若干特点。这种制度取向的观察和分析方法，对于我们了解［在中国］法律是什么的问题必不可少，但又是不充分的。因为这种结构性的分析，偏向于制度静态的一面，不足以揭示制度形成过程中各种因素的互动，以及塑造制度性格的时代特征。尤为重要的是，这种自上而下的视角势必忽略普通人的心思、欲望和活动，以及由此带来的杂多、不规则和制度内外的紧张、冲突。

着眼于法律与社会的互动，1980年代末以来的历史，既是一部以依法治国相标榜而全面推进法律发展的历史，也是一部为了满足社会需求不断突破既有法律框架的历史。这两条线索交织在一起，构成三十年来中国法律生活中最奇异也最可注意的一面。只是，在官方意识形态中，具有正面意义的法律发展主题几乎是唯一的，以不断违法为特征的改革实践则被刻意遮蔽。然而，后者像前者一样真实，在塑造中国法律现实方面甚至更加重要和深刻。1978年，小岗村十八户农民冒死分产从而开启农村改革乃至整个社会改革之端绪，这个带有传奇色彩的故事早已为人所熟知。[58]1980年代发生在安徽颍上、涡阳两县的农村费改税试验同样是一系列动人心魄的突破法禁的戏剧。[59]而自1988年以来的历次宪法修正案，如1988年之承认"私营经济"和"土地使用权转让"；1993年之确立"社会主义市场经济"原则；1999年的承认多种所有制经济共同发展和多种分配方式并存，以及"非公有制经济是社会主义市场经济的重要组成部分"；还有2004年的"私有财产"入宪，无不是对此前大范围"违法"甚至"违宪"社会实践的事后追认，而这一时期中国法学界提出的"良性违宪"说，则可以被理解为对转型时期法律与社会之间这一特殊冲突形式予以正当化的理论上的尝试。[60] 在这些现象的背后，存在着一个极具转型时期特点的社会现实，即正式制度上的改变全面落后于社会生活的变迁，随着改革进程而愈加不合理的旧制度，与社会现实之间的关系也变得愈益紧张。实际上，这种情形今天依然普遍存在。土地和房地产市场上的小产权现象，[61] 民间金融领域的广泛存在，[62] 图书和出版市场中流行的合作形式，[63] 民间公益组织谋求生存的方式，[64] 以及各种潜规则[65]的流行和诸多灰色领域[66]的存在等等，都是这方面的著例。这些现象的含义复杂而深刻。一方面，它们反映出法律规范与社会生活的脱节，合法性与合理性之间的不一致，以及法律体系内部的矛盾。另一方面，此类违法现象广泛和普遍的存在，以及包括执法者和行为人在内的整个社会对它们不同程度的容忍，客观上增加了制度的弹性，减缓了不合理法律的严苛性，并为进一步的改革提供了非正式的试验场。就此而言，法律的松懈并非只具有负面意义。[67] 然而，这种经验也直接造成行为人法律认知上的混乱：法与非法的区别难以确定，合法同非法的界限模糊不清。由此，不可避免地会产生对法律的轻忽和机会主义态度，它们与前面提到的体制上的工具主义法律观一道，极大地削弱了法律的权威性，侵蚀了公民的法律意识。

一般说来，社会的快速转型容易造成法律与社会的脱节，渐进式改革的制度变迁方式，也可以部分地解释改革以来法律与社会互动的特点。不过，在改革开放逾三十年、法律体系初具规模之时，法律与社会生活之间深刻而广泛的冲突，越来越多地源于政法体制本身。

简单地说，这是一种包含了内在紧张的制度安排：一方面存在权利宣示与保护的法律制度，另一方面则有作为其背景的家长式威权体制，后者试图将分散而多样的、自下而上的权利诉求转化为统一和便于操控的、自上而下的福利分配。然而，这种尝试并不能满足社会的实际需要，因此不能完全奏效。[68] 于是，异议和抗争不可避免。在政府眼中，广泛的异议与抗争，即使是依法提出的要求，都会威胁到社会的安定团结，是所谓"不稳定"因素。而在一些社会学家看来，这种被夸大的不稳定很大程度上是民众正当利益难以表达、正常社会冲突未得到适当应对的结果。而所谓"维稳"，除了耗费大量社会资源之外，常常是压制了民众的正当诉求，保护了权势者的既得利益，令改革变得更加艰难和更少正当性。[69] 这种情形，也令法治的目标变得遥不可及。

这些，对于中国人的法律经验具有什么样的意义？

在观察当代中国社会频发的群体性事件时，有学者敏锐地注意到，一般中国民众身上所表现出来的，并不是西方人熟悉的权利意识，而是所谓规则意识。[70] 的确，我们不能说，家长式威权体制在中国缺乏社会学的基础，福利化的权利观——尽管这是一个自相矛盾的表达——不为民众所接受。就以维权为例。

维权是近年来最普遍也最具建设性的抗争形式。我在其他地方曾经讲到，维权现象的普遍出现，意味着中国的法治进程进入了一个新的阶段。以往，中国的法治运动主要自上推动，是在上者改造社会、教导民众的手段，其动力为单向的。由此造成了法律与社会生活的脱节，和与普通民众的隔膜。如今，因为社会经济的发展，社会结构的改变，以及人民生活方式和思想观念的改变，普通民众的利益诉求开始同法律发生密切的关联，中国的法治运动也因此而获得了新的意义和持久的动力。民众的参与打破了在上者对法律的垄断，同时拓展了法律的疆域，丰富了法律的内容，使法律成为社会中不同个人、群体和组织均可利用的竞胜场所。法律活动正日益成为不同利益的表达方式，也成为社会互动的一个重要渠道。就此而言，中国现在才开始进入到它的法治时代。[71]

然而，正如本文已经指出的那样，在一个以不断违法为特征的改革、以普遍违法为常态的社会里，法律的权威很难建立，形式主义的法律观也难以立足。维权运动的扩展固然有助于普及法律观念，推动法律发展，让法律更具力量，但这并不简单意味着真正的法治理念的实现。比如，维权活动虽然常常以权利为号召，但未必是权利取向的，甚至也不是规则取向的。[72]实际上,对普通民众来说,植根于传统的"信"的观念,恐怕比权利意识和规则意识更重要,也更具正当性。而且,维权活动范围广泛、界限模糊,并不以法律为旨归,相反,法律往往只是可以运用的一种手段和资源,其可用性和重要性依行动者达致其目标的效用而定。[73]当然,不容否认也不能忽视的是,维权活动能够并且有时也确实包含了明确的权利诉求,这种情形在一些由社会精英介入和主导的维权活动中表现得尤为明显。[74]然而,无论是哪一种维权活动,当事人的诉求都未越出实证法的范围,只是,任何认真对待权利和法律的态度和做法,都不符合家长式威权体制的政法原则。

关于[在中国]法律是什么的问题,上面的观察和讨论会把我们带向哪里?

显然,实际生活中的法律大不同于其公开颁布的文本,也不具有官方宣教或教科书所宣称的权威性。但是,指出这一点并不意味着我们可以说,在中国谈论法律没有意义。仍以《劳动合同法》为例,至少从行为人的角度看,说这部法律在劳动关系领域创造了一个新的秩序,那肯定是夸大其词。但是,说有没有《劳动合同法》都一样,显然也非的论。法律未能有效实施诚为事实,但它的介入确实程度不同地改变了原来的游戏格局。法律生效之前"用人单位"的匆忙应对,法律实施之后引发的震荡和诉讼激增等等,虽不足以证明这部法律是具有严格约束力和确定性的客观规范,却可以表明它也不仅仅是类似于社会责任的某种要求。[75]那么，人们名之为法律的这种规范，究竟是规则还是原则，是宣言、指南、符号，还是政策？

在一个法律与政策总是相辅为用而非皆然两分的社会，强分法律、政策为二也许并不恰当。不过，着眼于另外一些方面，此二者的分别并非没有意义。其中，最重要的一点是，比之政策，法律不仅在形式上表达更严密，界定更清楚，程序更严格，效力更恒久，而且是体系化和权利导向的。体系化带来至少两方面的协调性要求，一方面是规范体系内部的，涉及一国法律内部的关系；另一方面是规范体系之间的，涉及国家间法律以及国内法与国际法之间的关系。这些要求对一国法律的发展形成制约，也使其不同于政策。而权利导向，无论其强弱程度若何，开启了一种可能，令普通民众也可以采取主动，运用法律提出其主张。自然，在现行体制下，也因为特殊的社会条件，法律的这种特性常常不能充分展现。现实中的法律，每每被软化、扭曲甚或被搁置，其规则可能泛化为原则，其运用往往悖于其精神，其效力或者不及政策。有时，法律似乎是在沉睡状态，需要适当的机会和条件被"激活"，[76]在这种场合，法律的符号价值更重于其制度效用；经常地，法律处于互相矛盾和紧张的状态之中，而且新规不敌旧章、上位法不如下位法；更多情况是，法律的功效和尺度取决于执法的力度，这时，法律更像是特权。即令如此，现代法律所具有的形式，以及法律内含的规范性含义，令它可能发挥不同于原则和政策的作用。而法律的矛盾性本身，就是一种改革者可资利用的资源。换言之，即使法律只是名义性的，[77]其存在也意味着一些可能性，一些不同于其他可能性的选择，这些可能性和选择，意味着更大的制度创新与变迁的空间，意味着更具多样性的未来。法律就以这种方式存在于当下，并参与到社会构建过程之中。

六

法律是什么？这不只是一个抽象的法哲学问题，也是一个包含具体内容的历史文化问题。

然而自一百年前，人们经由翻译在汉语"法"与拉丁文Jus、法文Droit、德文Recht、英文Law等西文语词和概念之间建立起某种等值关系之后，"法律是什么"的问题就常常被搁置和遮盖起来。[78]人们有意无意地假定或者认为，在讲到法或法律的时候，大家所指的是同一事物。因此，［法律］"与国际接轨"便获得了一种不言自明的正当性和可能性。今天，被视为现代化重要指标的法律发展，其重要性日益突显。通过法律实现社会进步，业已成为社会精英的共识。与此同时，作为所谓"国家意志"的表达，法律也成为执政者达成其政治和政策目标的重要工具。这些，为三十年来中国法律的迅速发展，提供了不可或缺的合法性支持。结果便出现了论者所谓更多的法律、更多的法官、更多的律师以及更多的诉讼的情形。[79]"社会主义法律体系"于焉建成。在这种虚假的同一性之下，执政者尝试发展出一套新的政法意识形态，并着手建立新的国家治理模式，社会精英们则为"法治文明的进步"而欢欣鼓舞。而在另一个极端，中国法律的批评者从普遍主义立场出发，固守某种单一的法律定义，对法律是什么的问题不屑一顾。相对而言持论温和的改革论者，虽然居于二者之间，但多惑于法律的普遍主义理念，对现实中的法律也往往习焉不察。然而，当那些人们称之为法律的事物诞生，它们便有了自己的生命和表现形式。它们从历史、文化、社会以及当下的实践中汲取养分，在由特定制度、实践和行为策略构成的现实生态中生长。它们被塑造和利用，同时也塑造着行动者。如此形成的中国当代法律，注定是多义的，混杂的，包含种种内在的紧张，因而也是开放的和变化的。它们肯定不符合这种或那种单一的法律概念，但它们以法律名世，并沉淀于人们的经验之中，影响人们的判断和行为。这或者可以称之为"法律的中国经验"。[80]这种经验未必是成功的，也不一定是可欲的，但首先是现实的和存在的，并且在这样的意义上是合理的。当然，现实的并不是永续的，合理的也不就是应然的。但是若没有对现实的深切了解，我们对未来的想象便容易流于空幻，我们所确立的理想就可能失却坚实的基础。换言之，只有不但意识到、并且不断追问法律是什么的问题，我们才能既摆脱对法律的迷信,又不至堕入法律虚无主义的迷津,而保有对法律与社会的现实感和[未来的]想象力。

[原载《洪范评论》第 13 辑,

生活·读书·新知三联书店,2011 年]

注释

1. 《南方周末》刊出的"2009 十大影响性诉讼"(2010.1.28)中的两项,即排名第三的"唐福珍'暴力抗法'"案和排在第九位的"李庄案",都发生在这一时段。
2. 此一上书事件正因前述"唐福珍案"而发,并获得官方正面回应。
3. 关于深圳尘肺门有大量报道,见比如中国广播网专题:"深圳尘肺门:生命抵不过一纸合同?",http://www.cnr.cn/09zth/kby/200912/t20091213_505750298.html. 此前已经发生了劳动者得不到公正的职业病诊断而自费"开胸验肺"的著名事件,这一事件也被列入《南方周末》的"2009 十大影响性诉讼"。
4. 沈原、郭于华、卢晖临、潘毅、谭深、戴建中《社会学家的呼吁:还建筑工人一份劳动合同,给劳动者一份尊严》,2009 年 12 月 21 日。
5. 社会学家的调查,参见潘毅、卢晖临《"新世界中国"地产公司工地调查——看建筑行业拖欠工资的根源》,http://www.hongfan.org.cn/file/upload/2009/05/21/1243213992.pdf.
6. 参见潘毅、卢晖临《"新世界中国"地产公司工地调查——看建筑行业拖欠工资的根源》。

7 截止到 2009 年 8 月底的最新数据是：全国人大及其常委会共制定了现行有效的法律 229 件，涵盖宪法及宪法相关法、民商法、行政法、经济法、社会法、刑法、诉讼及非诉讼程序法等七个法律部门；国务院共制定了现行有效的行政法规 682 件；地方人大及其常委会共制定了现行有效的地方性法规 7000 余件；民族自治地方人大共制定了现行有效的自治条例和单行条例 600 余件；五个经济特区共制定了现行有效的法规 200 余件；国务院部门和有立法权的地方政府共制定规章 2 万余件。http://www.chinalaw.gov.cn/article/xwzx/fzxw/200909/20090900140371.shtml，访问日期：2010 年 2 月 28 日。

8 2008 年 3 月 8 日，时任全国人大常委会委员长吴邦国在第十一届全国人民代表大会第一次会议上表示，"中国特色社会主义法律体系"已经基本建成，国家经济、政治、文化、社会生活的各个方面已基本做到有法可依。而早在 2002 年，中共十六大就已明确提出，要在"2010 年形成中国特色社会主义法律体系"。关于中国社会主义法制建设成就的报告，参见"法制办主任评析新中国 60 年法治建设光辉历程"，http://news.qq.com/a/20090716/001115.htm，访问日期：2009 年 10 月 3 日；"人大法工委就新中国法治建设成就答问（实录）"，http://news.qq.com/a/20090922/001225.htm，访问日期：2009 年 10 月 5 日；以及"中国法治建设年度报告 (2008 年)"，http://news.qq.com/a/20090603/000357.htm，访问日期：2009 年 10 月 5 日。学者撰写的有关中国法律发展的研究报告，参见朱景文主编《中国法律发展报告》，中国人民大学出版社，2007 年。

9 这不只是部分西方观察者的意见，许多中国人，从普通市民到学者，也持同样看法。

10 参见梁治平《立法何为？——对〈劳动合同法〉的几点观察》。

11 有人把《劳动合同法》誉为保护劳动者的"利剑",有人认为该法体现了"法治进步"。该法通过向劳动者"倾斜"而实现了"公正",更是立法者及其支持者们众口一词的主张。参见比如《2007:立法推动社会进步》,http://www.chinacourt.org/html/article/200712/13/278385.shtml.

12 参见邓瑾《保卫劳动合同法》,《南方周末》2007年5月24日。

13 有关华为"辞职门"事件及其意义的报道,参见《劳资新政:华为的门,中国的坎》。

14 语出《劳动合同法触发多米诺效应,万余港企面临关闭》。对外资企业来说,其他压力包括人民币持续升值、原材料涨价、工资成本上升、招工难、出口贸易受抑、政策频繁调整,和"两税合一"新政,http://news.xinhuanet.com/legal/2008-01/22/content_7469685.htm。相关报道又见《新〈劳动合同法〉实施500余家台湾企业搬离东莞》,http://www.ce.cn/xwzx/gnsz/gdxw/200801/21/t20080121_14301506.shtml.

15 参见《女首富张茵:委员不能顺风走》。

16 参见《劳动争议案大幅上升,仲裁处理驶入快车道》,http://news.xinhuanet.com/legal/2009-01/22/content_10700524.htm.

17 相关的意见和论辩,参见《劳动合同法实施细则博弈劳资平衡线:问题待解》,http://news.xinhuanet.com/employment/2008-05/10/content_8140149.htm,访问日期:2009年6月5日;《实施条例渐趋劳资中立,成效有待观察》,http://www.51labour.com/protect/show.asp?id=96465&page=2,访问日期:2009年3月11日。

18 这些和其他相关措施被概括为"五缓四减三补两协商"。

19 如四川省采取的措施,参见《减轻企业负担,稳定就业局势》,http://news.sohu.com/20090123/n261912996.shtml,访问日期:2009年3月9

日。上海的情况，见《上海将对〈劳动合同法〉作地方解释》，http://www.51labour.com/protect/show.asp?id=101183，访问日期：2009年3月11日。

20 中国人民大学劳动人事学院教授常凯主张，应放宽限制，让微小企业如小餐馆免于执行《劳动合同法》。全国工商联在《民营经济发展报告》中建议，应根据企业特点有序推行劳动合同制度，对小企业和个体户的季节性、临时性用工采取更灵活简明的合同制度。参见刘京京《〈劳动合同法〉考验》，《财经》2009年第1期。更激烈的主张，参见《张维迎称〈劳动合同法〉应尽快叫停引发网友口水战》，http://www.51xue.org.cn/news/ArticleShow.asp?ArticleID=17807.

21 参见刘京京《〈劳动合同法〉考验》，夏楠《劳动合同法实施情况研究——以珠三角纺织企业为考察对象》，《洪范评论》第13辑；谭翊飞《三个奇特现象的解读——珠三角农民工观察》，《公民社会评论》，第一辑，广东人民出版社，2009年；梁晓晖、张旭《〈劳动合同法〉对我国制造业的影响及对策研究——以纺织服装业为例》，《洪范评论》第12辑，三联书店，2010年。

22 在2009年6月上海举行的一个主题为"利益平衡与司法公正"的法院院长论坛上，偏离《劳动合同法》的做法就被作为利益平衡的好例提出。有参会学者指出，根据其调查，《劳动合同法》实施后，许多地方法院和劳动仲裁机构联合制定的纪要、意见或说明均有悖于该法原则。参见郭光东《搞定就是稳定，摆平就是水平，没事就是本事》，《南方周末》，2009年6月25日。实际上，在2008年末的中央政法工作会议上，中央政法委就明确要求中央和地方各政法机关"千方百计帮助中小企业渡过难关"。紧接着，最高人民法院、最高人民检察院以及一些省的公检法机构单独或联合制定意见、通知、纪要等，采取多种特别措施，放宽执法和司法的尺度，以确保经济的快速复苏。详见叶逗逗《中国司法机关应对经济危机》，《财经》2009年第2期。

23 在2008年9月19日国务院新闻办公室举行的新闻发布会上，国务院法制办公室主任曹康泰指出，"社会有关方面"对《劳动合同法》理解上的"分歧"主要有三个方面，包括把"无固定期限劳动合同"理解为"铁饭碗""终身制"，以及"用人单位滥用劳务派遣用工形式是不是会侵害劳动者的合法权益"。曹表示，这些问题将在该部即将制定的实施条例中予以澄清。参见 http://www.51labour.com/protect/show.asp?id=96240，访问日期：2009年3月6日。据报，该条例颁布之前数易其稿，有关劳务派遣的限制性规定最终为保证就业率的缘故而被取消。参见 http://www.51labour.com/protect/show.asp?id=96264，访问日期：2009年3月6日。烫手的山芋传到了相关部委手里，后者如何应对尚难断言。参见 http://www.51labour.com/protect/show.asp?id=102303，访问日期：2009年3月11日。

24 "强资本弱劳工"是立法者及其支持者言及《劳动合同法》时常用的一种说法。

25 然而，该法第三条规定："订立劳动合同，应当遵循合法、公平、平等自愿、协商一致、诚实信用的原则。"有学者指出，此条与第一条容有矛盾。就此而言，《劳动合同法》中的"合同"二字就颇具误导性。详见夏楠《劳动合同法实施情况研究》。这种矛盾反映了法学界的合同法与劳动法之争，并间接预示了后来发生在部分经济学家和法学家之间的论争。

26 所谓农民工，按照一般的说法，指的是那些户籍仍在农村，但又主要从事非农产业的人群。

27 参见 http://www.stats.gov.cn/tjfx/fxbg/t20090325_402547406.htm，访问

日期：2010 年 6 月 10 日。

28 《国务院关于解决农民工问题的若干意见》(2006 年 1 月 18 日)。农民工问题始于 1980 年代，温家宝担任总理后即开始关注这一问题，并着手整治恶意拖欠工资的雇主。2005 年 2 月，劳动和社会保障部下发《关于废止〈农村劳动力跨省流动就业管理暂行规定〉及有关配套文件的通知》，并由劳动和社会保障部制定《农民工维权手册》。

29 根据官方的说法，在推出《劳动合同法》的宏观背景中，就包括"和谐社会的构建"和"讲科学发展观"两条，http://www.npc.gov.cn/npc/xinwen/lfgz/2007-12/17/content_1384587.htm，访问日期，2009 年 3 月 15 日。《劳动合同法》提到的"劳动者"固然不限于农民工，但是农民工问题无疑是该法着意要解决的核心问题之一。因此，不仅《劳动合同法》的许多内容表明了这种关切，而且立法者在解释立法宗旨并为之辩护的时候，也常常以农民工为最具说服力的事例。

30 经常与"国家意志"一起提到和使用的，还有"党的意志""党的主张""人民的意志""人们的意愿""共同意志"等概念。这些概念各有侧重，但重要的是，它们从来不是以对立或者分歧的方式出现，相反，这种话语包含了某种"一致性"预设，这种一致性最终靠党的先进性和代表性来保证。这些同样是后阶级斗争时代政治意识形态的一部分。更多的论述，详下。

31 全程主持《劳动合同法》起草工作的全国人大常委会委员、全国人大常委会法制工作委员会副主任信春鹰就说，这部法律"将成为扭转长期以来我国强资本弱劳力的标志性拐点，通过国家意志力的形式，缔造一种和谐稳定的新型劳动关系"，http://sczxb.newssc.org/html/2007-12/15/content_24793.htm，访问日期：2008 年 11 月 5 日。又见《〈劳动合同法〉强调保护劳动者权益》,《中国青年报》,2007年06月30日。
32 诸如此类的说法,见于各种法律教科书和官方公开的法律表达,可以被视为关于中国社会主义法律的官方标准叙述。参见 http://www.iolaw.org.cn/showNews.asp?id=19640,访问日期:2010年2月3日。
33 这种说法本身也是后阶级斗争时代法律意识形态的一部分,相应的概念是所谓共同意志。共同意志被理解为特定法律要调整的相关利益方达成的共识。据说,《劳动合同法》就建立在相关利益方共识的基础之上,体现了共同意志。参见 http://news.qq.com/a/20070629/003134.htm,访问日期:2008年3月5日。实际上,立法者宣称的共识和共同意志,主要甚至完全是基于全国人大常委会审议该法之后"145票赞成,0票反对,1人未按表决器"的投票结果。参见王娇萍《〈劳动合同法〉立法的背后,工会表现可圈可点》,《工人日报》,http://law.cctv.com/20070711/100587.shtml,访问日期:2010年6月11日。然而,该法实施前后所发生的一系列情况,不过证明了立法者的一厢情愿。当然,作为后阶级斗争时代法律意识形态的一部分,对共同意志的宣称有助于提高"国家意志"的正当性。
34 自从2002年中共十六大明确提出要在"2010年形成中国特色社会主义法律体系"之后,立法步伐显然加快了。《劳动合同法》从全国人大首次审议到通过颁行,只用了一年半时间,比较其他主要法律比如《物权法》,可谓神速。后者虽有争议,但在这次立法浪潮中也得以顺利通过。
35 有政治学学者认为,本文所描述的这种情形更接近于民主的真意,值得在理论上予以阐发。在一次访谈中,香港中文大学王绍光教授就指出:"我把民主的代表性(democratic representation)分为三部分:责任(responsible)、回应(responsive)和问责(accountable)。西方国家偏重问责就是民主,我认为民主应该和责任与回应的联系更为紧密。这样把民主分解后,可以进行新的政权划分,可以把中国的现实和传统联系起来,可以建构中国的政权划分理论。"参见孙麾《打开政治学研究的空间——王绍光教授访谈录》,《中国社会科学院报》,http://www.cass.net.cn/show_news.asp?ID=215464,访问时间:2009年2月10日。

36 近年来全国各地频发的出租车司机罢运事件,只是众多事例中的一例。有关这些事件的报道和讨论,参见 http://news.qq.com/zt/2008/bayun/,访问日期:2009年5月5日。

37 2009年7月,在《劳动合同法》正式生效一年半之后,发生在吉林通化钢铁公司企业重组过程中的一场血腥事件,再次突显出众多而分散的劳动者在由政府和"用人单位"主导的游戏中的弱势地位,正是这种无力感催生出的不安、怀疑、不满、失望、焦虑、激愤和非理性的暴力倾向,最终酿成一场致人死亡的悲剧。有关该事件背景的报道,见罗昌平等《通钢改制之觞》,《财经》2009年第17期。而在这一事件的后续发展中,人们发现,尽管最初的重组方案以一场悲剧的形式而告终止,但是付出高昂代价的劳动者并未成为这场博弈的胜者。既然他们仍旧没有表达其诉求的自主性组织,在接下来利益各方的博弈中,他们就依然是弱势的一群。参见欧阳洪亮等《通钢"罪人"》,《财经》2010年第9期。可以顺便指出的一点是,法院对该案的处理完全是政治性的,司法服从于政治的原则在这类案件中最为显见。详见前文。

38 相关资讯,参阅"富士康跳楼事件",http://baike.baidu.com/view/3624334.htm?fr=ala0_1_1,访问日期:2010年6月14日。

39 关于本田工人罢工事件,参阅"本田停工门",http://baike.baidu.com/

view/3668277.htm?fromenter=%B1%BE%CC%EF%B0%D5%B9%A4%C3%C5&redirected=alading&fr=ala0_1_1，访问日期：2010年6月14日。

40 参见"中国各地密集爆发大规模罢工潮"，http://www.chinavalue.net/NewsDig/NewsDig.aspx?DigId=59941，访问日期：2010年6月14日。更多报道，参见 http://news.baidu.com/ns?cl=2&rn=20&tn=news&word=%B0%D5%B9%A4%B3%B1&ct=1&fr=ala0，访问日期：2010年6月14日。一般的看法是把这一轮罢工潮归因于富士康员工连环自杀案，以及之后富士康和本田汽车公司对工人的大幅加薪。不过，这一连串事件的背后还有更深一层的原因，这些原因包括中国劳动力无限供给时代趋于结束这一事实，与代际更替相伴而来的工人主体意识和主观期待的改变等等。有评论指出，在现阶段，1980年代以后出生的所谓新生代农民工人数在1亿左右，他们的人生观、世界观和人生目标已经明显不同于其父辈。参见《新生代农民工需要实现同城化待遇》，《二十一世纪经济报道》，2010年6月23日。综合性的报道和分析，参见卢彦铮等《涨薪冲击波》；兰方《薪资博弈》，均载《新世纪周刊》2010年6月第24期。

41 "人大法工委就新中国法治建设成就答问（实录）"，http://news.qq.com/a/20090922/001225.htm，访问日期：2009年10月5日。

42 同上。值得注意的是，在论及民生立法背景时，官方发言人暗示法律所应对的问题源于市场经济，而与决定中国市场化进程和形态以及中国社会分配模式的政治和法律体制无关。又可参见《信春鹰：劳动合同法不会因金融危机修改》，http://news.qq.com/a/20090311/002124.htm，访问日期：2009年6月5日。

43 一位美国的中国问题研究者注意到，当代中国人的权利诉求完全局限于政府制定的法律和政策的范围之内，并且使用政府的语汇，从西方人的观点看,这类诉求所表现的与其说是权利意识,不如说是规则意识。转见 http://www.chinavalue.net/Article/Archive/2008/9/24/139001.html.,访问日期:2010年2月26日。这种观察颇具启发性,它让我们注意到现行体制的社会学基础,以及社会行动中的文化因素。

44 对2008年四川汶川地震的后续处理就是一个典型事例。

45 这类组织在流动务工者众多的城市如深圳较多,发展也较早。

46 法院行为中最普通也最惊人的表现之一,便是"不予立案"的广泛运用,而且"不予立案"的决定常常不表现为一种法律程序,而是比如拒绝接受起诉材料或不予回应的简单事实。在这种情况下,起诉方得不到任何书面甚至口头的答复,因此也无法采取进一步的行动,更不用说何种法律上的行动了。

47 在《物权法》颁布之后继续执行《城市房屋拆迁管理条例》,从而使《物权法》乃至宪法对财产权的保护犹如空中楼阁,这是2009年12月的唐福珍案之后另一个引起广泛议论的例子。

48 仅仅透过比如央视第一频道的热点栏目"焦点访谈",人们就会很容易地发现,日常生活中,国家机构、政府部门违规违法行事的现象极为普遍,见于其活动所及的所有领域和方面。造成这种现象的原因,必须在现行制度的基本结构中去寻找。

49 这类偶发因素也可能影响立法。《劳动合同法》制定过程中一个颇具戏剧性的插曲,是山西黑砖窑事件的曝光。这一偶发事件不但对《劳动合同法》的通过起到加速作用,而且直接影响到该法内容。尽管"黑砖窑"事件属于刑事范畴,无关劳动合同,但为回应舆情,立法者在该法通过之前紧急增加了若干回应性条款,即第八十八条、第九十三条和第九十五条,这些条款规定了合法和非法的用人单位在若干情形下的行政和刑事责任,以及对相关劳动者的赔偿责任,也规定了相关国家工作人员违法犯罪责任。

50 即使是法律着意打击的对象，也会因为运动的止歇而故态复萌。这方面的事例不胜枚举，即令案发时举国关注的特别事件，如前数年使用奴工的黑砖窑案和添加三聚氰胺的毒奶粉案，一旦时过境迁，无不死灰复燃。关于奴工案，参见王哲等《湖北黑砖窑囚禁智障流浪乞讨人员做"奴工"》，《湖北日报》2010年1月26日。颇具讽刺意味的是，该案在当地也（又）引发了一场"行业整顿风暴"。详见前引文。关于毒奶粉案，参见徐超、郭惟地《毒奶粉重现》，《新世纪周刊》，2010年2月第8期。同期刊发的评论文章也把问题与集权制度下的运动式监管联系起来。详见王涌《中国式监管的困境与出路》。

51 参见梁治平《立法何为？——对〈劳动合同法〉的几点观察》。

52 "县际竞争"的说法出自经济学家张五常，是其解释中国经济"奇迹"的核心概念。关于这一概念，张五常的新作《中国的经济制度》（中信出版社，2009）有更理论化的阐述。转见吴慧、张明扬《张五常谈中国经济三十年》，《上海书评》2009年12月6日；张军《张五常的思想冲击波》，《上海书评》2010年3月7日。

53 专家认为，我国中小企业税负普遍偏重。详见《为何我国中小企业税负普遍偏重》，http://it.21cn.com/itnews/qydt/2007/07/02/3325496.shtml，访问日期：2009年6月15日。税负之外，融资难是中小企业生存和发展的另一障碍。更深一层的问题，首推法治之不存，因此而产生的弊害，从日常贪吏的需索（如各种规费），到因政府朝令夕改而致财产的损失乃至被剥夺（如前些年的陕北石油案和近年的山西煤矿重组案等）。而自由结社的不能，又令中小企业无法有效表达其共同利益并采取有力行动以维护之。

54 据报道，珠三角台资加工制造业企业的利润率普遍在3%以下。参见卢彦铮等《涨薪冲击波》，《新世纪周刊》2010年6月第24期。

55 《劳动合同法》是否意味着用人单位人力成本上升？对于这一问题，立法者的回答是否定的。根据这种讲法，至少守法企业的用工成本不会因为新法的颁布而上升。详参 http://news.xinhuanet.com/legal/2007-07/23/content_6418697_1.htm；http://www.law-lib.com/fzdt/newshtml/21/20070702105540.htm。但这显然不是事实。与之前的《劳动法》相比，《劳动合同法》对劳动者的保护采取了更高的标准（详见该法关于订立书面合同、试用期工资、无固定期限合同、裁员优先留用、合同解除限制、补偿金、赔偿金等项内容），这意味着，即使是对之前严格按照《劳动法》用工的用人单位来说，《劳动合同法》的实施也将推高用工成本。然而因为事实上极少有完全遵守《劳动法》的用人单位，该法的实施就意味着所有用人单位都将面临用工成本上升的压力，其间的不同只是程度上的。这方面的调查尚不多见，但所能见到的均能表明这一事实。

56 如果按照严格的法律标准来判断，用人单位，尤其是中小企业，现实中违法经营的情形相当普遍，这其中当然包括规避和偏离劳动法的情况。因此，人们要问，这些用人单位违法动机何在？这里，我们可以提出两个标准，一个是合法标准，另一个是合理标准。合法标准完全是规范性的。由于法律的建构性，合法标准又可以被视为是自足的，也就是说，它可以由立法者强加于行为者，要行为人满足法律的要求，否则即视之为违法。与此不同，合理标准建立在对现实条件综合考虑（如正常赢利甚至生存）的基础之上，它不能脱离描述。合法标准和合理标准可以相合，也可能相悖。在相悖的情况下，行为人就会有很强的动机去规避和违反法律。事实上，认为企业要活下去，保持正常经营，就不能完全"守法"，这种看法在业界几乎是常识。这表明，在中国，合法标准与合理标准的偏离是一种常态。就《劳动合同法》而言，法律要解决的问题确实存在，其规定本身也并非全不合理，问题在于，政府宣称要让劳动者分享经济高速增长的好处，却不能提供良好的公共服务，改善制度环境，减少人民税负，而是把负担和责任完全加之于"用人单位"，这种推卸责任的做法缺乏正当性，很难得到普遍认同。

57 各地社会保障标准不一致，而没有能够通行全国的个人社保账户，加之各地通行的做法是将所谓"四险一金"的社保项目捆绑销售，这些就导致流动务工者不愿交纳保险金，或者在离开工作地时退保。相关的分析和观察，参见夏楠《劳动合同法实施情况研究——以珠三角纺织企业为考察对象》及谭翔飞《三个奇特现象的解读——珠三角农民工观察》。

58 实际上，凤阳县小岗村并非中国农村改革的始作俑者，在此之前，安徽肥西县的山南区和来安县的十二里半公社均有"包产到户"之举。详见陈桂棣、春桃《中国农民调查》，第230—233页，人民文学出版社，2004年。其实，我们有理由相信，在整个集体化时代，中国农村始终存在着类似包产到户的"倒退"尝试。

59 参见陈桂棣、春桃《中国农民调查》第九章。

60 百度百科把良性违宪解释为"推动人类社会进步的违宪事件"，并从违宪主体方面举出了中国改革开放以来的几个实例：（1）立法机关。如1978年宪法规定全国人大常委会只能"解释宪法和法律，制定法令"（第25条第3项），没有制定法律的权力，但由于改革开放要求制定大量法律，全国人大常委会在未经修宪，也未作宪法解释的情况下，自行行使立法权，1979年至1982年间共制定了11个法律，这都是违背当时宪法规定的。（2）行政机关。如1988年以前，深圳等经济特区突破1982年宪法关于土地不得买卖、出租的规定,决定将土地使用权出租。(3)国家领导人。1982年宪法第15条规定我国"实行计划经济",然自1992年以来我国领导人多次提出经济体制改革的目标是"建立社会主义市场经济体制",显然这是违背当时宪法规定的。这种新提法直到1993年3月29日全国人大八届一次会议通过了宪法修正案才有了宪法根据。上述违宪事件,虽然违背了当时的宪法条文,但符合人民的根本利益,因而可称之为"良性违宪"。http://baike.baidu.com/view/2574482.htm?fr=ala0_1, 访问日期: 2010年6月5日。当然,法学界对这一概念的妥当性一直存有争论,本文所关注的,是这一提法所针对的富有深意的现实。

61 这里所说的小产权,指通常由乡镇政府颁发证书的产权,这也是人们使用小产权一词时最常用的意思。关于小产权的不同含义,《百度百科》有简明的解释,参见 http://baike.baidu.com/view/672347.htm?fr=ala0_1_1, 访问日期: 2010年6月11日。实证法上,这种意义的小产权并非"产权",因此也不受法律保护,然而在现实生活中,小产权不但存在于全国范围,并且在整个房地产市场中占有相当可观的份额。正因为如此,小产权的去取存废,是一个敏感而且重大的公共政策议题。详细的情况,参见 http://xiaochanquan.net/, 访问日期: 2010年6月11日。

62 有关民间金融一般情况的介绍,参见 http://baike.baidu.com/view/1508140.htm?fr=ala0_1, 访问日期: 2010年6月11日。

63 "合作出书"流行的局面,标示了出版体制演变的趋势。同样,以书代刊形式也在一定程度上消解了由刊号实行的控制。

64 1980年代以来,民间公益组织和非营利机构有一定程度的发展,但其制度环境始终没有根本的改善。因为很难取得合法身份,绝大部分的民间公益组织尤其是其中的草根组织，或者其法律身份与其实际的性质不符，或者干脆不具有合法身份。这种情形极大地阻碍了这部分社会的成长和成熟。相关报道和文献，参见《财经》2002年7月第13期的封面主题报道"中国NGO生态"；贾西津：《第三次改革——中国非营利部门战略研究》，清华大学出版社，2005年；吴玉章（主编）：《中国民间组织大事记（1978—2008）》，社会科学文献出版社，2009年。

65 潜规则的普遍存在被认为是中国社会的特征之一。参见吴思《隐蔽的秩序：拆解历史奕局》，海南出版社，2004年。

66 如果把灰色理解为社会生活中介于合法与非法之间、不透明、不在有效统计和监管范围之内的领域，则本文提及的许多现象都可以被视为是灰色的。因为同样的原因，对灰色领域的认识和研究十分困难，而研究所揭示的结果也往往十分惊人。例如对当代中国居民灰色收入的研究，参见王小鲁《国民收入分配状况与灰色收入》（研究报告摘要），http://wenku.baidu.com/view/a989ebc789eb172ded63b7a6.html，访问日期：2010年6月11日。

67 单纯从技术角度看也是如此。社会生活的快速变化，改革的试验性，地区间发展上的不平衡，以及幅员广大所蕴含的多样性，都要求制度更具弹性，立法上通行的所谓宜粗不宜细的做法，即是对此类要求的一种回应。

68 对三鹿毒奶粉案受害者的赔偿就是一个很好的事例。2008年奥运会之后爆出的三鹿毒奶粉案，造成遍及全国的数十万婴幼儿受害者，成为当时最为轰动的事件。针对该案，政府采取了一系列紧急措施，包括运用法律手段严惩相关责任人，为受害人就医诊疗提供便利和财务上的支持等。然而，这些措施实际上不足以满足受害人的一些正当要求,而当受害人试图通过诉讼方式主张其利益的时候,他们便屡屡受挫。关于该案的系列报道,参见叶逗逗、刘京京《"三鹿事件"后遗症》,《财经》2008 年 12 月第 25 期;秦旭东《三鹿破产善后难题,受害者权益谁来保障?》,http://www.caijing.com.cn/2008-12-25/110042541.html,访问日期:2010 年 6 月 20 日;张有义:《三鹿索赔疑无路》,《财经》2010 年 1 月第 2 期;张瑞丹:《三聚氰胺"后遗症"》,《新世纪周刊》2010 年 3 月第 1 期。

69 参见清华大学社会学系社会发展研究课题组《以利益表达制度化实现社会的长治久安》,未刊稿,2010 年。

70 这一观点出自哈佛大学的裴宜理教授,转见 http://www.chinavalue.net/Article/Archive/2008/9/24/139001.html,访问日期:2010 年 2 月 26 日。

71 完整的看法,参见梁治平《法治观察十年》"自序"。

72 如果中国人有很强的规则意识,则中国社会与我们今天所看到的必定大不一样。实际上,规则具有很强的形式主义特征,以至在秉有法治传统的欧西各国,视法律为规则,把法治看成是规则之治的不乏其人。

73 相关的分析,参见梁治平《申冤与维权——在"传统"与"现代"之间建构法治秩序》,《二十一世纪》2007 年第 6 期。

74 本文开始时提到的两起学者上书就是这方面的事例。较早的事例是 2003 年孙志刚事件中的法律人上书及其结果。相关分析,见梁治平《被收容者之死:当代中国身份政治的困境与出路》,载《二十一世纪》2006 年第 6 期。

75 企业社会责任是一个较晚引进而且颇为时髦的概念。值得注意的是,在中国,对企业社会责任的要求往往包含遵守法律、履行法律职责方面的内容。如果考虑到法律通常富有弹性以及社会中违法的普遍性等情况，法律责任与社会责任之间界限不清的现象就不难理解了。在前面提到的针对[湖北]黑砖窑案开展的"行业整顿风暴"中，当地政府除了"对没有与民工签订劳动合同、办理社会保险的15家砖厂……依法责令整改，督促企业与3225名劳动者补签劳动合同，为860名劳动者补办社会保险并缴费，还责令企业填写不使用童工、不使用智障人员、不强迫劳动、不限制人身自由、不拖欠工资、不违法用工的'六不'承诺书"。

76 自2003年的孙志刚事件始，"激活"宪法成为一部分法律行动者自觉运用的策略。参见梁治平《被收容者之死——当代中国身份政治的困境与出路》。

77 宪法研究中，有所谓名义性宪法之说。转见陈弘毅《香港的宪制发展：从殖民地到特别行政区》，《洪范评论》第12辑，三联书店，2010年。

78 20多年前，我曾经针对同样的问题，试图深入到中国历史文化之中，认识中国的法律传统。详见梁治平《"法"辨》，《中国社会科学》1986年第4期。更系统的研究，参见梁治平《寻求自然秩序中的和谐》（修订版），中国政法大学出版社，1997年。

79 参见朱景文《中国法律发展的趋势和问题》，载朱景文主编《中国法律发展报告》。

80 "法律的中国经验"一词借自2008年洪范法律与经济研究所与台湾大学社会科学院共同举行的一次会议的主题。本文对该词的用法纯为描述性的，并无褒贬之意。

图书在版编目（CIP）数据

论法治与德治：对中国法律现代化运动的内在观察 / 梁治平著. -- 北京：九州出版社，2020.8
ISBN 978-7-5108-9404-6

Ⅰ.①论… Ⅱ.①梁… Ⅲ.①社会主义法治—研究—中国 Ⅳ.① D920.0

中国版本图书馆 CIP 数据核字 (2020) 第 148941 号

论法治与德治：对中国法律现代化运动的内在观察

作　　者	梁治平　著
出版发行	九州出版社
地　　址	北京市西城区阜外大街甲 35 号（100037）
发行电话	（010）68992190/3/5/6
网　　址	www.jiuzhoupress.com
电子信箱	jiuzhou@jiuzhoupress.com
印　　刷	北京华联印刷有限公司
开　　本	787 毫米 ×1092 毫米　32 开
印　　张	10.125
字　　数	190 千字
版　　次	2020 年 11 月第 1 版
印　　次	2020 年 11 月第 1 次印刷
书　　号	ISBN 978-7-5108-9404-6
定　　价	58.00 元

★版权所有　侵权必究★